Peter Boeckmann

DER HAUPTMANN

Die Lebensgeschichte des römischen
Hauptmannes aus den Evangelien

VERLAG
BERGER

ISBN 978-3-85028-506-3

© 2010, Verlag Berger, Horn/Wien
Herstellung: Druckerei Ferdinand Berger Gesellschaft m.b.H., 3580 Horn, Wienerstraße 80.

VORWORT

Dieses Buch kann und soll weder eine historische Forschungsarbeit noch ein exegetisches Werk sein. Damit soll aber nicht gesagt sein, dass dieser Roman nicht sowohl einen historischen als auch einen religiösen Hintergrund hat. Für beides kann ich auf die Evangelien hinweisen, zumal mir die Idee zum Roman kam, als ich auf drei Evangelienstellen aufmerksam wurde und mich mit ihnen näher befasste.

Von diesen ist die erste (Matth. 8, 5–13) den meisten bekannt, an sie angelehnt sind ja die Worte der Liturgie: „Ich bin nicht würdig, dass Du eingehst unter mein Dach, aber sprich nur ein Wort.....'' Das ungeheure Vertrauen, das der Hauptmann Jesus gegenüber zum Ausdruck bringt, hat mich seit jeher beeindruckt. Schon bald sah ich mich aber vor der Frage: Wer war jener Mann, für den der Hauptmann Jesus bat und den Jesus heilte? Ein Knecht, ein Diener oder – für mich wahrscheinlicher – ein Soldat, also ein Untergebener des Hauptmannes? Woran litt dieser Soldat? An einer Krankheit oder – für die damalige Situation in Kapharnaum und Umgebung nicht unwahrscheinlich – an einer Verwundung? Wenn so, wie kam es dazu? Und warum setzte sich der Hauptmann für seinen Soldaten so ein? Und woher hatte der Hauptmann überhaupt Kenntnis von Jesus und dessen Fähigkeit, wundersam heilen zu können? Und warum erwähnt der Evangelist Lukas bei seiner Schilderung der gleichen Heilung, dass der Hauptmann half, eine Synagoge errichten zu lassen, für einen Römer damals eine doch eher ungewöhnliche Handlung? Was hat den Römer also dazu veranlasst?

Schon weit weniger bekannt ist die zweite Evangelienstelle (Matth. 27, 19). Auf sie wurde ich aufmerksam, als ich das erste Mal Bachs Matthäus-Passion sang, in der diese Stelle vorkommt: Was bewog wohl die Frau des Pilatus, bei diesem für Jesus zu intervenieren, noch dazu in einem Gerichtsverfahren in einer fremden Sache, in einem besetzten Land und – in der damaligen Zeit – als Frau? War es nur ein Traum, auf den sie hinweist, und wenn ja, welchen Inhalt hatte dieser Traum, und was hatte dieser mit Jesus zu tun? Und war dieser Traum der einzige Anlass für ihre Intervention oder stand noch etwas anderes dahinter? Vielleicht sogar eine Person? Wenn ja, wer war es, warum handelte dieser Dritte so und wieso konnte er die Frau des Pilatus zu ihrer Intervention bewegen?

Noch weniger bekannt ist die dritte Stelle (Luk. 23,12), an der Lukas über eine plötzliche Freundschaft zwischen Pilatus und Herodes berichtet. Ich kann mich nicht erinnern, sie je in einer Predigt behandelt gehört zu haben. Sie scheint wie aus dem Zusammenhang gerissen in das Evangelium hineingeraten zu sein, gleichsam absichtslos. Da man aber dem ansonsten so genau schreibenden Evangelisten eine solche Nachlässigkeit nicht zumuten kann, warum war ihm dann diese kurze Bemerkung so wichtig, dass er sie in seinen Text aufnahm und warum gerade an dieser Stelle? Und welchen Sinn hat die Bezeichnung „Freund"? Es ist doch nicht anzunehmen, dass Pilatus und Herodes plötzlich Bruderschaft tranken, und selbst wenn, aus welchem Anlass?

Man sieht: Fragen über Fragen.

Beim Nachdenken kam mir plötzlich in den Sinn: Besteht etwa zwischen diesen drei Evangelienstellen ein handlungsmäßiger Zusammenhang? Ihn (da und dort mit dichterischer Freiheit und eingebaut in die Lebensgeschichte des Hauptmannes) zu beschreiben, soll Gegenstand dieses Romans sein, zugleich mit dem Versuch, auf zumindest einige der angesprochenen Fragen eine Antwort zu geben. Dabei verstehe man mich bitte recht: Ich wage nicht zu behaupten, dass es so gewesen sein MUSS. Vielmehr möchte ich zum Überlegen anregen, ob es sich nicht auch so zugetragen haben KÖNNTE.

Wien, im Frühsommer 2010, der Verfasser.

I

Es ging bergauf, immerzu bergauf. Längst hatten sie die Ebene Norditaliens verlassen und begonnen, den daran angrenzenden Gebirgszug zu besteigen. In Schlangenlinien wand sich die grob gepflasterte Straße die Bergwand empor, immer höher und höher. Sie waren eine Soldatengruppe, der zweite Teil der vierten Zenturie der sechsten Kohorte der Legion, etwa 45 Mann, ein bunter Haufen von Kriegern, einige mit Kampferfahrung, die meisten aber jung und unerfahren, so wie er, Metellus, achtzehnjähriger Sohn aus gutbürgerlicher Familie, die etwa zwei Tagesreisen südlich von Rom ein Landgut besaß. Ihm, der eine einschlägige Ausbildung mit höchstem Lob abgeschlossen hatte, war die Führung dieser Abteilung anvertraut worden, die erste Stufe der angestrebten Laufbahn als Offizier der Armee des römischen Kaisers.

Vergeblich hatte die Mutter immer wieder versucht, Metellus davon abzubringen, Soldat zu werden, kein Hinweis auf die Gefahren nützte, und auch dem Vater wäre es lieber gewesen, Metellus als ältester Sohn hätte das friedliche Unternehmen des großen Landgutes weiterführen können. Aber nur ein einziges Mal sprach er mit dem Sohn darüber, und als er sah, wie fest dessen Entschluss war, schnitt er dieses Thema nie wieder an, wohl weil er erkannte, dass die weitere Unterstützung der mütterlichen Wünsche das Verhältnis zwischen dem Sohn und den Eltern belasten müsste. Zu gut erinnerte er sich auch, wie Metellus schon im Kindesalter nichts lieber tat als Soldat zu spielen. Wann immer sich ein Armeeangehöriger in der Nähe zeigte, war Metellus sofort bei ihm, ließ sich den Gebrauch der Waffen erklären und brachte es durch ständige Übung bald soweit, dass, als er erst kaum fünfzehn Jahre alt war, ein zu Besuch weilender Offizier allen Ernstes sagte, er wünsche sich, alle seine Krieger wären so ambitioniert und talentiert wie dieser Bub. Das überzeugte den Vater und so schickte er Metellus zur Offiziersausbildung nach Rom, wo ihm im Unterricht die frühe Waffenerfahrung sehr zugute kam.

Und nun waren sie auf dem Marsch nach Norden, zum Limes, dem befestigten Schutzwall an der Grenze des Imperiums zu den germanischen Stämmen. Es hieß, dort müsse man auf der Hut sein, jeden Moment sei mit einem Überfall zu rechnen. Aber mit solchen Gedanken konnten sich Metellus und seine Truppe jetzt nicht beschäftigen, denn zunächst galt es, den schwierigen Marsch über die Alpen zu bewältigen, endlos schien ihnen die von immer schroffer werdenden Felsen begleitete Straße sich den Berg hinauf zu winden. Und je weiter sie kamen, desto mühsamer wurde es. Dazu verschlechterte sich auch noch das Wetter. Waren sie in der Ebene noch im zarten Schein der Sonne marschiert, so hatte es schon seit einigen Meilen zu regnen begonnen, und es wurde zusehends kälter. Einige Zeit konnten sie sich gegen den Regen durch die Schilde schützen, die sie über ihren Köpfen hielten, aber als zudem Wind aufkam, war auch das umsonst, bald waren sie alle bis auf die Haut durchnässt. Und bis zum Bergsattel, von dem es hieß, dort sei eine Raststation, war es noch weit. Um den Marsch zu erleichtern, hatte Metellus seinen Leuten längst erlaubt, die schweren Speere und die Schwerter auf die Wagen für die zu transportierenden Güter zu legen, aber dadurch wurde die Beladung so schwer, dass die Pferde Mühe hatten, die Steigung zu überwinden. So kamen sie nur langsam vorwärts und bald war ihnen der erste Zenturienteil weit voraus. Als es auch noch zu schneien begann, war die Stimmung der Soldaten am Tiefpunkt. Flüche flackerten auf und die meisten verwünschten ihr Schicksal, das sie zwang, unter solchen Bedingungen zu marschieren, noch dazu zu einem Ziel, an dem – wie es hieß – im Winter Ähnliches zu erwarten war. Was, in aller Welt, hatte den Imperator bewogen, ausgerechnet diese unwirtliche Gegend in sein Imperium einzuverleiben, wo es doch rund um das Mittelmeer so viele schöne Länder gab! „Es hat aber doch ein Gutes" sagte einer plötzlich, „man kann nicht auf eine Schlange treten". Aber keiner lachte, und weiter marschierten sie missmutig durch den eine rutschige Schicht unter ihren Füßen bildenden Schnee, der aber allmählich immer fester und vom Wind an die Uniformen angeweht wurde und an ihnen haften blieb. Je höher sie hinaufkamen, desto dichter wurde der Schnee, der jetzt auch noch liegen blieb und immer tiefer wurde, so dass sie bald durch ihn stapfen mussten. Zudem hüllten Nebelfetzen sie immer häufiger ein.

„Kannst Du mir sagen, wie lange es noch bis zur Raststation dauert?" fragte Metellus einen, von dem es hieß, er sei diese Strecke schon zweimal gegangen. Aber der konnte nichts Genaues sagen, denn damals, als er hier war, wäre es Herbst gewesen, es hätte keinen Schnee gegeben und man hätte bis ins Tal sehen können. Jetzt aber wäre alles anders, er kenne sich nicht mehr aus.

Nach einigen Stunden, als es schon dunkelte, erreichten sie endlich die von einer Hütte gebildete Raststation, sie war eng an den Berghang gelehnt, um möglichst windgeschützt zu sein. Der ihnen vorausgegangene Truppenteil war schon längst angekommen und trocknete im geheizten Raum die Uniformen am offenen Feuer, was nun Metellus und seine Leute ebenfalls tun konnten. Es gab auch ein warmes Essen, worauf sich die Stimmung merklich besserte.

Am nächsten Morgen lag draußen tiefer Schnee. Es schien strahlende Sonne bei starkem Südwind, der für die Höhenlage eigentümlich warm war. Als Metellus und Oretes, so hieß der Anführer des Vortrupps, sich mit ihren Leuten zum Aufbruch rüsteten, nahm der Hüttenwirt die beiden auf die Seite und riet dringend von einem sofortigen Weitermarsch ab. Sie sollten noch mindestens einen Tag hier bleiben, mahnte er, denn es sei derzeit auf der Straße zu gefährlich: „Bei Wetterbedingungen wie jetzt kommt es oft zu Lawinen, das sind große Schneemengen, die oben am Berg ins Rutschen kommen. Die nehmen alles mit, was auf ihrem Weg liegt, wer da hinein kommt, hat keine Chance zu überleben!" „Wir müssen aber weiter" hielt Oretes dagegen, „wir haben deutlichen Befehl, unseren Marsch ja nicht zu verzögern, man erwartet uns dringend am Limes!" Petronius, der Hüttenwirt, zuckte die Achseln: „Die Entscheidung liegt bei Dir, aber sei dringend gewarnt, es sind schon viele umgekommen!" Damit ließ er die beiden stehen. „Ich glaube, er übertreibt", meinte Oretes zu Metellus, „sollen wir denn warten, bis wieder ein Wetter kommt wie gestern? Und natürlich hat er ein Interesse daran, dass wir länger bleiben, denn er wird ja für jeden Tag bezahlt!" Metellus war unschlüssig: Den Marschbefehl kannte er ebenso gut wie Oretes, aber Petronius machte auf ihn nicht den Eindruck eines Schwätzers, ganz im Gegenteil, das war ein Mann, dem man vertrauen konnte. Und plötzlich fiel Metellus ein, was sein Vater ihm beim Abschiedsgespräch geraten hatte: „Wenn Du in eine Gegend kommst, die Dir fremd ist, folge dem Rat eines erfahrenen Einheimischen, dem Du glauben kannst!" Und dann wurde ihm auch bewusst, dass er die Verantwortung für das Leben und die Gesundheit seiner Leute trug. Wenn etwas passierte und einige zu Schaden kämen, wie würde er das verantworten, wenn sich herausstellte, er sei vor der drohenden Gefahr gewarnt worden? In seine Überlegung platzte Oretes mit seinem Entschluss: „Ich marschiere weiter, jetzt.gleich. Und Du?" „Ich bleibe hier, zumindest bis morgen." Oretes sah Metellus überrascht an: „Hast Du bedacht, was Du tust, Du wirst es zu verantworten haben!"

II

Kurz darauf brach Oretes mit seinem Truppenteil, dem größeren von beiden, auf, Metellus und die Seinen blieben zurück. Es war keine Stunde vergangen, als einige aus der Oretes-Gruppe mit allen Anzeichen des Entsetzens zurückkamen und Fürchterliches berichteten: Eine Lawine war abgegangen und hatte den Mittelabschnitt des Zuges erfasst und in die Schlucht gerissen. Sie selbst wären im Endteil des Zuges gewesen und hätten das Unglück mit eigenen Augen gesehen. Außer ihnen wären noch einige andere im Endabschnitt davongekommen, aber zurückgeblieben, sie versuchten, die Verschütteten zu bergen. Auch einige im Vorderteil des Zuges wären vom Unglück nicht betroffen, aber die wagten nicht, die Stelle des Lawinenabganges zu passieren, um zur Hütte zurückzukommen. Durch die aufgeregten Berichte alarmiert, war Petronius herbeigekommen, er sah Metellus wortlos an, sein

Blick sagte alles aus. Metellus bat um Hilfe, Petronius gab ihm Leitern, Schaufeln, Seile sowie Äxte und sofort eilte Metellus mit seinen Leuten zur Unglücksstelle. „Habt acht auf weitere Lawinen" rief Petronius ihnen nach.

An der Stelle, an der das Unglück passiert war, bot sich ihnen ein schrecklicher Anblick: Die Schneemassen waren von rechts oben abgerutscht und nach links unten in die Schlucht gefallen. Dabei hatten sie den Mittelabschnitt des Zuges mit allen Pferden, den Wagen, und vielen, vielen Soldaten erfasst. Das alles lag nun unten am Grunde der an dieser Stelle etwa zwei Steinwurfweiten tiefen Schlucht, bedeckt von einem wirren Haufen von Bäumen, Steinen und Unmengen an Schnee. Dort regte sich nichts, und wären nicht die Warn- und Entsetzensrufe der Leute jenseits der Unglücksstelle gewesen, es hätte gespenstische Stille geherrscht. Metellus sah sofort, dass jede der mitgenommenen Leitern zu kurz war, um in die Schlucht hinab zu steigen und ließ daher mehrere zu einer Kette aneinander binden, bis die nötige Länge erreicht war. Das obere Ende dieser Leiterkette wurde an einem starken Baum befestigt. Dann stiegen er und einige Freiwillige, mit Seilen gegen Absturz gesichert, in die Schlucht hinunter, um zu retten, was noch zu retten war. Zuerst sahen sie Teile des Gesichtes eines Soldaten aus dem Schnee ragen, sie schaufelten ihn frei, er war besinnungslos, aber er lebte. Sonst konnten sie nur noch Tote bergen, darunter Oretes, ihm hatte ein von der Lawine mitgerissener Baum die Brust eingedrückt. Seine Augen waren offen, seine Züge hatten fast den Ausdruck des Staunens. Metellus ließ ihn und die anderen aufgefundenen Toten sowie den Geretteten, der nur leicht verletzt war, auf die Straße hinauf ziehen. Dann machten sie sich auf die Suche nach etwas sehr Wichtigem, der Kasse. Die war auf einem der Wagen verladen gewesen, es galt nun, diesen Wagen zu finden. Einer aus der Gruppe des Oretes wusste zu sagen, dass die Kasse genau in der Zugmitte transportiert wurde, vor einem Wagen mit Weinfässern. Das gab eine Hilfe: Die Weinfässer hatten den Absturz in die Schlucht sicher nicht unbeschädigt überstanden, der ausgeflossene Wein musste den Schnee rot gefärbt haben.

Tatsächlich fanden sie nach einigem Suchen rote Flecken im Schnee, der Wagen mit der Kasse konnte also nicht weit entfernt liegen. Dennoch gestaltete sich die weitere Suche schwierig, bedingt durch das Gewirr von Bäumen, Felsen und Schneemassen. Zudem war Eile geboten, denn in der Ferne hörten sie ständig das Donnern weiterer Lawinen. Als sie den Wagen endlich fanden, ergab sich eine neue Schwierigkeit: Die Kasse war auf dem umgestürzten Wagen festgebunden und lag unter ihm. Mühsam mussten sie zuerst das Wagengestell zerhacken, bevor sie die Kasse losmachen konnten. Dann erwies es sich als unmöglich, die schwere eiserne Geldkiste mit Seilen über die steile Schluchtwand hochzuziehen, zu uneben war diese Wand. Daher mussten sie die Kasse über die Leitern hinauf ziehen, die als Gleitbahn dienten. Als das endlich geschafft war, hatten sich in der Zwischenzeit die Leute des Vortrupps an der Lawinenabgangsstelle vorbei vorsichtig in Sicherheit gebracht. Metellus hätte gerne noch weiteres Gut geborgen, aber in der Nähe stürzte erneut Schnee nieder und daher befahl er, zur Raststation zurückzukehren. Es war keine Minute zu früh, denn kaum hatten sie sich auf den Marsch gemacht, ging genau an der Absturzstelle eine weitere Lawine nieder und deckte in der Schlucht alles, was noch dort lag, wie ein riesiges weißes Leichentuch zu.

Bei der Raststation angelangt, begrub man in der Nähe die Toten, es hatte keinen Sinn, sie nach Germanien mitzunehmen. Dann hieß es warten, bis die Lawinengefahr vorüber war. Das dauerte drei Tage, erst dann meinte Petronius, dass man den Weitermarsch wagen könne. Er gab Metellus eine genaue Wegbeschreibung mit und merkte darin die Wegstellen an, an denen noch immer Gefahr gegeben war.

Der Marsch nach Germanien verlief problemlos, die gefährlichen Stellen ließ Metellus einzeln passieren. Da das eine weitere Verzögerung bedingte und überdies noch das geborgene Gut zu transportieren war, langten sie erst mit vier Tagen Verspätung im Lager am Limes an. Dort wurden sie ungeduldig erwartet. Metellus sah Vorwürfen entgegen, aber die erste Frage des Lagerkommandanten Caestus war: „Und wann kommen die anderen?" Metellus sah Caestus in die Augen: „Sie kommen nicht. Sie sind tot." „Was?" entfuhr es Caestus. „Ja, Caestus" bekräftigte Metellus, „leider sind sie tot. Alle." Und dann schilderte Metellus, was sich zugetragen hatte. Caestus hörte wortlos zu und als Metellus geendet hatte, seufzte er nur und sagte: „Oretes hat seinen Fehler mit dem Leben bezahlt. Schade um ihn und um die anderen, es waren gute Leute. Sie werden uns sehr fehlen. Aber Du hast klug gehandelt."

III

Alle paar Tage musste die Küche des Lagers mit Frischware versorgt werden, vor allem mit Gemüse und Obst. Es gab zwar einige Dörfer innerhalb des Limes, in denen man die benötigten Sachen kaufen konnte, jedoch führte eine Straße parallel zur Grenze an diesen Dörfern vorbei und es kam oft vor, dass Transporttrosse, die die Straße benützten, in diesen Orten einkauften, sodass dann für den beträchtlichen Bedarf des Lagers nicht mehr genug Ware vorhanden war. Außerdem waren diese Nachschubgruppen froh, endlich das Gewünschte zu bekommen und zahlten entsprechend hohe Preise. Man sah es daher im Lager gern, wenn Bauern von jenseits des Limes zum Lager kamen und ihre Waren anboten. Da diese Mengen aber nicht immer ausreichten, ließ die Lagerführung auch in Dörfern einkaufen, die mehr oder weniger entfernt vor dem Limes lagen, zunächst versuchsweise, allmählich aber immer öfter. Das war natürlich nicht ganz risikolos, aber die dort ansässigen Bauern freuten sich, ihre Waren rasch und gegen gute Bezahlung loszuwerden, sodass es nie zu Zwischenfällen kam.

Eines Tages aber kamen keine männlichen Verkäufer mehr zum Lager, nur deren Frauen. Auf Fragen, warum denn der Mann nicht mehr gekommen sei, erhielt man Antworten wie: ‚er sei krank' oder: ‚er hätte Verwandte besucht'. Die Eintönigkeit dieser Antworten fiel auf und die Lagerführung schöpfte Verdacht. Metellus wurde beauftragt, die Lage in den nächstliegenden Dörfern zu erkunden und bemerkte dabei bald, dass überall die Männer fehlten. Als er zu einer Bäuerin kam, bei der er oft gekauft hatte und daher wusste, dass sie zwei junge Söhne hatte, die ihr stets geholfen hatten, fehlten auch diese, die Bäuerin war allein. Metellus fragte nach dem Verbleib der beiden Jungen und erhielt zuerst zur Antwort, dass sie bei einer Versammlung seien. Plötzlich aber geschah etwas Unerwartetes: Die Bäuerin warf sich Metellus zu Füßen, umschlang mit ihren Armen seine Beine und stieß hastig, ständig von Schluchzen unterbrochen, immer wieder hervor: „Du musst sie retten, ich flehe Dich an, rette sie, rette sie!" Der mitgenommene Dolmetsch hatte Schwierigkeiten zu übersetzen und Metellus verstand nicht, was die Bäuerin wollte. Erst auf seine Frage, wen er retten solle, kam Klarheit: „Meine zwei Söhne — ich hatte vier Söhne — zwei sind schon tot —— Ihr habt sie erschlagen —— mein Mann ist auch tot — ich habe nur noch diese zwei Söhne — rette sie – rette sie!" „Vor welcher Gefahr soll ich sie retten?" „Sie alle wollen Euch angreifen — bald — so wie sie es schon früher getan haben — und es wird viele Tote geben — sie sind meine letzten Söhne —— rette sie, rette sie!" Metellus hatte keine Ahnung, wie er die beiden Jungen im Falle einer bewaffneten Auseinandersetzung retten sollte, aber die Frau tat ihm unendlich leid und so versprach er, er wolle sein Möglichstes tun. „Aber damit ich mich darauf vorbereiten kann, muss ich wissen, wann Deine Leute uns angreifen wollen!" Metellus erwartete nicht, darauf eine Antwort zu bekommen, aber er hatte sich getäuscht: Die Mutterliebe der Frau überwand alle Hemmungen, als sie, nochmals auf den Knien bittend, zu Metellus aufsah und ganz leise sagte: „Wenn die Nacht am finstersten ist." Metellus fragte den Dolmetsch, ob er klar verstanden hätte. „Ja, Metellus, die Frau hat gesagt: ‚Wenn die Nacht am finstersten ist'." Metellus versprach nochmals, sich um das Leben der Buben zu bemühen, kaufte der Frau noch rasch einen Korb voll Früchte ab und hatte es eilig, zurück ins Lager zu kommen, wo er sofort dem Kommandanten berichtete. Der rief gleich einige Berater, die mit den örtlichen Bräuchen vertraut waren, zu sich um zu erfahren, was ‚wenn die Nacht am finstersten ist' bedeute. Über-

einstimmend sagten alle: „Das bedeutet: bei Neumond".
„Wann ist Neumond?" „Übermorgen Nacht!"

Es war also höchste Eile geboten, sich auf den bevorstehenden Angriff vorzubereiten. Caestus, der Lagerkommandant, informierte alle, gab aber Weisung, wie üblich zu agieren. Jedoch wurde der Palisadenzaun kontrolliert und an einigen Stellen verstärkt, und dann hatte Caestus die Idee, an jenen Stellen, an denen der Angriff zu erwarten war, aus Dornen geknüpfte Fußangeln auszulegen. Mehr konnte im Moment nicht getan werden, es galt nun, den Angriff abzuwarten.

IV

Zu Beginn der Neumondnacht herrschte im Lager eine gespannte Atmosphäre. Bis Mitternacht tat sich nichts und es kamen erste Zweifel auf, ob die erhaltene Information richtig war. Erst einige Zeit nach Mitternacht hörte man leise Geräusche aus dem nahen Wald, kurz darauf begann der Angriff. In großer Zahl stürmten sie auf den Palisadenzaun des Lagers zu, aber die ersten verfingen sich bald in den ausgelegten Dornenschlingen, die sie in der Dunkelheit nicht sehen konnten und lagen dadurch den Nachkommenden im Wege. Die Römer warfen nun brennende Fackeln in die Masse der Angreifer, was bei ihnen für erhebliche Verwirrung sorgte, zumal die Gegner nun im Licht der Fackeln gut sichtbar waren, sodass Speere und Pfeile der Römer fast stets ihr Ziel fanden. Nur wenige erreichten den Palisadenzaun und konnten dort leicht abgewehrt werden. Als die Verluste beim Feind schon groß waren, gab Caestus das Zeichen zum Gegenangriff. Die breiten Lagertore wurden plötzlich geöffnet und eine Schar ausgewählter Römer stürzte sich auf die überraschten Angreifer. Bessere Waffen, überlegene Fechtkunst und Kampferfahrung machten die Überzahl der Angreifer leicht wett, von denen sich die ersten bald zur Flucht wandten. Während Metellus kämpfte, sah er sich nach den zwei Buben um, aber er konnte keinen von ihnen sehen, das Getümmel war zu groß. Doch Metellus bemerkte plötzlich, dass einer der Römer im Fechtkampf mit drei Gegnern war, von diesen gegen einen Bereich gedrängt wurde, in dem Dornenschlingen lagen, sich in einer verfing und stürzte. Sofort schlugen die drei Angreifer auf den am Boden Liegenden mit Keulen und Schwertern ein, verzweifelt versuchte der Römer diese Hiebe mit seinen Waffen abzuwehren. Sofort sprang Metellus hinzu, fing mit seinem Schild den Schlag des einen Gegners ab und stieß dem zweiten das Schwert in die Brust, worauf der erste sich eilends umwandte und davon lief. Als der dritte, der Metellus den Rücken zugewandt hatte, erstaunt herumfuhr, erkannte Metellus plötzlich, dass es einer der Jünglinge war, die er suchte. Er konnte den Schwertstich, den er schon angesetzt hatte, gerade noch zurückhalten, parierte den Keulenhieb des Jünglings mit dem Schild und schlug ihm mit dem flachen Schwert auf den Kopf. Als der Bub taumelte, wand ihm Metellus die Keule aus der Hand, packte ihn am Hals und stieß ihn zurück ins Lager, dort nahm man ihn gefangen. Dabei hatte Metellus gar nicht bemerkt, dass ihm der Römer, den er gerade gerettet hatte, gefolgt war. Er war am einen Arm durch Keulenhiebe und Schwertstreiche schwer verletzt, aber trotz der Schmerzen fiel er nun Metellus zu Füßen: „Du hast mir das Leben gerettet, ich danke Dir, ich werde Dir das nie vergessen!" Metellus hob ihn sofort auf: „Ich war gerade in der Nähe, als sie über Dich herfielen, jeder andere von uns hätte es genau so getan! Und jetzt geh zu den Ärzten, Du hast es nötig!"

In der Zwischenzeit war der Kampf zu Ende, wer von den Angreifern nicht tot war oder gefangen genommen wurde, hatte sich in den nahen Wald geflüchtet. Als Metellus nach dem gefangenen Buben sah, bemerkte er zu seiner Freude, dass auch dessen Zwillingsbruder sich unter den Gefangenen befand, am einen Oberarm verwundet, aber nicht schwer.

Am Tag darauf wurde Metellus zu Caestus gerufen. Dort traf er drei Soldaten, einer von ihnen war jener, den er gestern gerettet hatte, der hatte den einen Arm geschient und dick verbunden. „Metellus", begann Caestus, „jener", und er deutete auf den Verwundeten, „gibt an, Du hättest ihn gerettet, als er gestern im Kampf am Boden lag und die Feinde dabei waren,

14

ihm den Tod zu bringen. Was weißt Du darüber?" Metellus berichtete, wie es am Vortag zugegangen war. Dann wandte sich
Caestus an einen der anderen beiden Soldaten: „Kannst Du
das bestätigen, was Metellus sagt?" „Ja, Caestus, es waren drei
Germanen, die über ihm" und er deutete auf den Verwundeten
„standen und auf ihn einhieben. Ich sah es von ferne, aber
deutlich. Sie hätten ihn getötet, wenn Metellus nicht dazwischen gekommen wäre." Auf Befragen hatte auch der dritte
Soldat die Angelegenheit so gesehen. „Metellus, wir haben Dir
viel zu verdanken, die Kenntnis der Zeit des Angriffes und
vor allem das Leben eines der Unseren, und das geht über alles.
Was willst Du, dass wir Dir als Belohnung geben?" Metellus er-
fasste die günstige Gelegenheit, um die beiden Buben zu bitten:
„Caestus, ich möchte die zwei Jünglinge haben, die Zwillinge
sind, sie befinden sich unter den Gefangenen. Ich will sie ihrer
Mutter zurückbringen, von der ich die Information über den
bevorstehenden Angriff erhielt." „Metellus, Du handelst klug
und edel. Es soll so sein, wie Du es gewünscht hast. Aber
noch etwas anderes: Ich werde nach Rom melden, dass das,
was Du getan hast, würdig ist, mit der Corona Civica belohnt
zu werden."

Am Tage darauf nahm Metellus die beiden Burschen zu
sich und ließ ihnen durch einen Dolmetsch sagen, dass sie, sollten sie sich nochmals gegen den Imperator wenden, nicht wieder auf so glückliche Umstände hoffen dürften wie dieses Mal.
Dann nahm er ihnen die Fesseln ab und schickte sie zu ihrer
Mutter zurück. Es schien ihm in Anbetracht der Geschehnisse
vor zwei Tagen nicht geraten, sie bis zu ihrer Mutter zu begleiten. Die kam am nächsten Tag zum Lager und brachte mit tausend Dankesworten einen großen Korb voll ausgesuchter
Früchte. Die verteilte Metellus an die Mannschaft.

Zwei Wochen später wurde Metellus die Corona Civica
aufs Haupt gesetzt, die Auszeichnung für die Errettung eines
Kameraden aus Todesnot. Zugleich teilte ihm Caestus mit, er
habe ihn nach Rom für höhere Aufgaben empfohlen.

V

Es dauerte nicht lange, bis Metellus die Nachricht aus Rom erhielt, er solle sich dort für die Zuweisung eines neuen Aufgabengebietes melden. In Rom angelangt, blieb Metellus nur kurze Zeit für einen Besuch bei seinen Eltern. Unter Tränen empfing ihn seine Mutter, sein Vater hingegen konnte den Stolz über die Corona Civica kaum verbergen und wies bei jeder Gelegenheit, so auch bei einem Essen, das seine Eltern rasch für Freunde und Nachbarn der Umgebung improvisiert hatten, immer wieder darauf hin. So war es Metellus nicht ganz unangenehm, schon wenige Tage nach seinem Eintreffen die Nachricht zu erhalten, wann und wo die Verteilung neuer Aufgabengebiete stattfinden solle. Als Ort hatte man den Hof eines hohen Militärbeamten gewählt. Als Metellus sich dort meldete, erhielt er nähere Informationen, was zu vergeben war: Fünf Lagerkommandanturen, eine in Hispanien, zwei in Gallien, eine in Germanien und eine bei Kapharnaum in Galiläa. Dafür hatte man fünf Bewerber zugelassen, von denen zwei Metellus bekannt waren: Einer hieß Publius, der war der Sohn eines einflussreichen Senators aus Rom, mit ihm hatte Metellus während seiner Ausbildung kurze Zeit gemeinsam Übungen gemacht, viel mehr als eine Durchschnittsleistung war bei Publius dabei nicht herausgekommen. Der andere hieß Callistus, der war das Kind armer Bauern aus einer Abruzzengegend, aber durch Intelligenz und Gewandtheit den örtlichen Behörden aufgefallen, sodass man ihm eine gute Ausbildung zukommen ließ. Auch mit ihm war Metellus bei Übungen zusammengekommen, die beiden hatten sich gleich gut verstanden. Wie Metellus, so hatte auch Callistus, der um einige Jahre älter war als Metellus, bisher in Germanien Dienst gemacht. Die anderen beiden Bewerber kannte Metellus nicht.

Man teilte ihm mit, dass in zwei Tagen durch Los bestimmt würde, wer welchen Posten erhalten solle. Natürlich war allen klar, dass die fünf zu vergebenden Orte einander nicht gleichwertig waren. Der attraktivste war der im südlichen Gallien, dort gab es ein angenehmes Klima und die Gegend war nicht gefährlich, reich und schön. Diesem Ort kam mit Abstand noch am nächsten jener in Hispanien, dort herrschte zwar ebenfalls Ruhe und das Klima war erträglich, jedoch war die Gegend eher arm. Der zweite Posten in Gallien lag an der Nordküste, unruhig war es dort ebenfalls nicht, aber die Gegend war karg und das Klima rau. Das Lager in Germanien lag nahe dem Limes und Metellus wusste aus Erfahrung, was davon zu halten war: Die Gegend nicht unschön, aber ziemlich gefährlich.

Der letzte zu vergebende Posten war einer, den man als Selbstmörderposten bezeichnen konnte. Er lag in Galiläa an der äußersten Ostgrenze des Imperiums in einer höchst unsicheren Gegend, einem besetzten Gebiet, in dem es ständig Aufstände gab. Zudem war dieses Lager erst vor kurzem errichtet worden und daher – wie es hieß – noch nicht einmal richtig befestigt. So war jener, der dorthin geschickt wurde, nur zu bedauern.

Am übernächsten Tag fand sich Metellus pünktlich zur Verlosung ein, er wollte ja so früh wie möglich wissen, woran er war. Auch Callistus war zugegen und es gab eine freudige Begrüßung. Von den restlichen dreien fehlte nur Publius und Metellus wunderte sich, dass diesen die Angelegenheit so wenig interessierte.

Es dauerte einige Zeit, bis die Formalitäten erledigt waren. Vor allem tat man kund, dass, wer als erster gezogen würde, das Lager in Südgallien erhalten solle, dann würden nacheinander das Lager in Hispanien und das zweite Lager in Gallien vergeben, sodann jenes in Germanien und als letztes jenes bei Kapharnaum. Diese Reihenfolge entsprach völlig der Wertigkeit der einzelnen Posten. Endlich wurden die Lose in die Urne gelegt und ein Beamter trat hinzu, griff hinein und zog ein Los heraus. Es war jenes von Publius. Metellus sah zu Callistus hinüber und fing dessen Blick auf, der dasselbe besagte, was auch Metellus aufgefallen war: Man hatte dem Glück etwas nachgeholfen, denn es war üblich, dass jener, der die Lose zog, von der Urne wegblickte. Das war hier nicht der Fall gewesen, der Beamte stand so, dass er in die Urne blicken konnte und hatte das beim Losziehen auch getan.

Als nächstes zog der Beamte, diesmal korrekt, das Los von Callistus. Der sprang vor Freude in die Höhe und dankte allen Göttern für diese Gnade. Metellus gönnte ihm den guten Posten in Hispanien von Herzen und wünschte ihm alles Gute dazu.

Jetzt wurde es für Metellus schon sehr spannend und noch spannender, als der nächste Posten einem der beiden Metellus nicht bekannten Bewerber zufiel. Nun stand nur noch eine Entscheidung an und Metellus sah, wie der Mitbewerber mit zusammengebissenen Zähnen gespannt auf die Entscheidung wartete und erleichtert aufatmete, als sein Name verkündet wurde.

Metellus bemühte sich, seine Enttäuschung über das Ergebnis nicht merken zu lassen und zwang sich sogar zu einem Lächeln, als ihm einige ihr Mitgefühl zum Ausdruck brachten. „Dort kann ich wenigstens zeigen, was ich kann!" war sein Kommentar.

Man sagte ihm, dass er in fünf Tagen abreisen solle, bis dahin würden die nötigen Unterlagen bereitgestellt. In Kapharnaum würde ihn der dortige Lagerkommandant erwarten. Metellus blieb also noch Zeit für einen kurzen Besuch im Elternhaus. Seine Mutter brach in Tränen aus, als sie erfuhr, wohin es gehen sollte und auch sein Vater runzelte die Stirn. Bald erfuhr Metellus, warum: Aus der Nachbarschaft war zu hören gewesen, dass ein Soldat zurückgekommen war, der in der Gegend von Kapharnaum einige Zeit Dienst gemacht hatte und bei einem Scharmützel schwer verwundet worden war. Was der berichtet hatte, war alles andere als beruhigend: Das ganze Land wimmle von giftigen Schlangen, Skorpionen und Spinnen, die gesamte Bevölkerung sei mit Hass gegen die Römer erfüllt und nütze jede Gelegenheit zu einem Aufstand. Und mehr noch: Jenseits der Grenze herrsche zwar angeblich ein König, aber man habe eher den Eindruck, dass irgendwelche Anführer das Sagen hätten, deren Begehrlichkeit immer wieder auf den fischreichen See gerichtet sei. Daher herrsche stets Unruhe auch von dort. Berechenbar sei diese Gegend jedenfalls nicht und wer von dort wieder heil weg käme, wäre nur zu beglückwünschen.

VI

Mit einer langen Schiffsreise war Metellus nach Caesarea gekommen und von dort nach Kapharnaum geritten. Lucius, der dortige Lagerkommandant, hatte ihn freundlich empfangen und einige Tage lang mit den örtlichen Verhältnissen vertraut gemacht. Die Stadt lag in einer reichen, durch den großen See auch landschaftlich schönen Gegend, und in ihr gab es alles, was man benötigte: Angebote von Händlern für alle nur denkbaren Waren, Handwerker für jedwede Tätigkeit, darunter einen Hufschmied, über den Lucius bemerkte: „Den wirst Du sicher brauchen!", natürlich eine Synagoge, die Metellus schon ziemlich baufällig schien, und auch ein Spital. Metellus war beeindruckt, vor allem von der vorzüglichen Ausstattung des Lagers, dem Lucius vorstand. Es stand auf einer kleinen Anhöhe und war von einer fest gefügten Befestigungsmauer umgeben. Für die Wasserversorgung gab es einen tiefen Brunnen, der wie eine Zisterne zusätzlich durch Regenwasser von einem breiten Dach gefüllt wurde. Die Mauer und der Brunnen waren der ganze Stolz von Lucius: „So sind wir auch für eine längere Belagerung gerüstet, denn vergiss nicht, Metellus: Du hast hier zwei Feinde, den da drüben" und dabei wies Lucius nach Osten, „und die hier rings um Dich. Für die gilt nur ihre Religion, alles und jedes wird von ihr bestimmt. Und aus einer Mischung von dieser Religion und ihrer Tradition folgern sie, dass diese Gegend hier ihr Land sei und kein fremder Herrscher darin etwas zu suchen habe, auch nicht der Imperator. Man muss also stets mit einem größeren oder kleineren Aufstand rechnen. Besonders gefährlich ist die Gruppe der Zeloten, weil die äußerst radikal sind!" „Das deckt sich mit dem, was mir zu Hause über dieses Land gesagt wurde", dachte Metellus, als Lucius ihn zum Essen einlud. Die Köche des Lagers verstanden ihre Kunst, das Essen war gut und reichlich, auch an den folgenden Tagen, die Metellus bei Lucius verbrachte. „Leider ist's dort, wo Du hinkommst, nicht so wie hier!" ließ Lucius Metellus gelegentlich aber wissen.

Und nach einigen Tagen war es soweit: Lucius wollte Metellus dessen künftiges Betätigungsfeld zeigen und ihn dort mit

dem bisherigen Lagerkommandanten und der Mannschaft bekannt machen. So ritten sie am frühen Vormittag aus Kapharnaum hinaus und am ostseitigen Seeufer ein Stück die Strasse
entlang, bis sie zu einer Felsnase kamen, die wie der Bug eines
riesigen Schiffes von Osten gegen den See vorragte. Auf der
Spitze dieser Felsnase konnte man Teile des Lagers sehen und,
etwas darunter, am steilen Abhang eine kleine Quelle, zu der
vom Lager ein Steig hinab führte. „Das ist die Wasserversorgung des Lagers" erklärte Lucius, „diese Quelle ist noch nie
versiegt und man kann sie von hier aus auch nicht erreichen,
nicht einmal mit Pfeilen. Diesbezüglich ist das Lager also sicher. Aber leider ist's oben nicht überall so gut bestellt.".

Die Strasse bog um die Felsnase herum und führte weiter
an deren Südabhang entlang gegen Osten. Nachdem Metellus
und seine Begleitung kurze Zeit im Trab geritten waren,
zweigte links ein Feldweg ab, der wie eine Rampe nach oben
auf ein fast ebenes Plateau führte, an dessen westseitigem
Ende das Lager errichtet war. Metellus fiel sofort auf, dass
rings um das Lager nach Norden, Süden und Westen von diesem Plateau steile, zumeist felsige Abhänge abfielen, diese Seiten waren daher leicht zu verteidigen. Anders verhielt es sich
aber mit dem östlichen Bereich: Dort war das Lager nur durch
eine dünne, kaum mannshohe Mauer geschützt. Das war eindeutig die Schwachstelle und Metellus wunderte sich, dass
man da nicht mehr für die Befestigung getan hatte. Aber es
gab keine Zeit für solche Überlegungen, denn schon hatten sie
das Lagertor erreicht und wurden vom dortigen Kommandanten freundlich begrüßt. Der schien über Metellus' Jugend etwas
erstaunt zu sein, er sagte aber nichts. Sie wurden in einen kleinen Raum geführt, es gab einen Begrüßungstrunk und Octavius, so hieß der Kommandant, verwickelte Metellus in ein Gespräch, wer er sei und woher er komme. Metellus gab Bescheid,
schilderte seine Ausbildung und den Einsatz in Germanien,
nannte dabei wie beiläufig die Corona Civica, bei deren Erwähnung Octavius überrascht aufsah, und schloss mit den Worten,
dass er wisse, was ihn erwarte, denn man hätte ihm gesagt, wie
es hier zugehe, er hätte sich die Tätigkeit hier auch nicht selbst

ausgesucht, sie sei ihm vielmehr durch Losentscheid zugefallen. „Ich weiß nun, was ich wissen wollte", antwortete Octavius, „ich wünsche Dir, Metellus, meinem Nachfolger, alles Gute. Und nun wollen wir Dich der Mannschaft zeigen."

Die war in einer kleinen Halle bis auf einige Wachen vollzählig versammelt und harrte gespannt auf den, der da kommen sollte. Als Metellus den Raum betrat, ging ein Raunen durch die Leute und einige steckten die Köpfe zusammen. Nachdem Octavius Metellus vorgestellt hatte, entstand eine kleine Pause und dann sagte einer, der offenbar ein Sprecher der Mannschaft war: „Octavius, Du weißt, dass wir Dir stets gefolgt sind. Ich habe auch nichts gegen diesen jungen Mann da", und dabei deutete er auf Metellus, „aber Du weißt, wie gefährlich unsere Lage hier ist. Hier brauchen wir Männer, die kämpfen können, so wie Du einer bist, aber keine Buben!" Gelächter wurde laut, einige riefen: „Ja, Octavius, so ist es!" „Aber er hat doch die Corona Civica!" entgegnete Octavius, „das ist doch Beweis genug!" „Ach was", rief da ein anderer, „es wissen es doch alle, wie leicht es in Rom ist, so etwas zu erhalten!" Dabei machte er mit den Fingern die Geste des Geldzählens und erntete für seine Schmähung brüllendes Gelächter als Zustimmung. „Aber der Kaiser in Rom hat ihn hierher geschickt!" rief Lucius etwas unsicher. „Dann soll der Imperator doch einmal herkommen!" schrie einer von hinten. Wieder Gelächter. Metellus fühlte, dass er nun tätig werden müsse, komme, was da wolle. Er hob die Hände und rief in den Saal: „Lasst mich etwas sagen!" Es wurde aber nicht still und erst als sich einer aus der Mannschaft, ein eher kleiner, aber sehr beweglich wirkender Soldat, neben Metellus stellte und rief: „Lasst ihn doch reden!" wurde es etwas ruhiger. Vollkommen still wurde es aber erst, als sich aus der Menge ein weiterer Soldat erhob, der fast einen Kopf größer war als Metellus, sich auf die andere Seite neben ihn stellte und zu ihm sagte: „Nun, sag' uns etwas, aber erzähle uns keine Märchen, oder noch besser, Du zeigst uns etwas." Jetzt blickten alle gespannt auf Metellus. „Leute", begann dieser, „ich bin mit Euch völlig einer Meinung, dass man hier gute Kämpfer braucht, so wie Ihr es seid, man hat mir ja geschildert, wie es hier zugeht. Aber auch ich kann kämpfen und weil Du" und dabei deutete er auf den Langen, „mich aufgefordert hast, Euch etwas zu zeigen, so will ich Euch beweisen, wie ich kämpfen kann. Ich will daher gegen einen von Euch einen Schaukampf liefern. Seid Ihr damit einverstanden?" Die allgemeine Überraschung hatte zunächst lautlose Stille zur Folge, aber dann rief der, der zuerst gesprochen hatte: „Wenn er seine Prügel haben will, so soll er sie haben!" Wieder lachten einige, aber nicht mehr alle. „Gegen wen von uns willst Du kämpfen?" fragte der Kleinere neben Metellus. „Wer ist der Stärkste von Euch?" Der Kleine deutete auf den Riesen neben Metellus. „Ja, er ist der Stärkste!" bestätigten auch einige andere. „So ist er es, gegen den ich kämpfen will!" „Na, Du wirst etwas erleben!" wurde es verschiedentlich laut und Octavius nahm Metellus zur Seite: „Du wagst zu viel, gegen den hat noch keiner lange gestanden!" „Sei es, wie es sei", entgegnete Metellus, „er soll mein Gegner sein!" „Nun gut" sagte der Riese, „wenn Du es unbedingt willst, so werde ich gegen Dich antreten, Mut hast Du jedenfalls!"

Man machte alles für den Kampf bereit, die Mannschaft bildete einen Halbkreis um die Kampffläche in der Halle, man holte die für solche Schaukämpfe üblichen Holzschwerter, die Verletzungen vermeiden sollten, und beide Kämpfer ergriffen Schild und Schwert für den Kampf. „Gib's ihm ordentlich, Robustus!" rief einer von hinten und ein anderer ergänzte: „Wenn er anfängt zu flennen, schicken wir ihn zur Mami zurück!". „Aha, Robustus heißt mein Gegner" dachte Metellus, „diesen Namen trägt er wirklich zu recht!" Mehr Zeit zum Denken hatte er nicht, denn Octavius fragte: „Bereit?" und als beide nickten, gab er das Zeichen zum Kampfbeginn.

Sogleich griff der Riese an und führte Schwertstreiche gegen den Kopf und den Oberkörper von Metellus. Das konnte dieser leicht abwehren, achtete dabei aber auf die Beine des Gegners. Erwartungsgemäß wendete dieser die List an, die Metellus aus der Ausbildung her kannte: Robustus stellte sein rechtes Bein hinter Metellus und drückte Metellus mit dem Schild nach hinten. Wenn man diese List nicht kennt, stolpert man über den Fuß des Gegners, fällt nach hinten und hat verloren. „Jaaaaa" erscholl es laut aus den Zuschauerreihen, die offenbar schon das Ende kommen sahen. Metellus aber wusste, was zu tun war: Er stieg mit seinem rechten Bein hinter das des Gegners zurück und führte zugleich als Gegenangriff einen Schwertstreich gegen den Fuß des Riesen. Sofort erstarb das „Jaaaaaa". Aber diese Parade kannte wiederum dieser, zog mit einer Geschwindigkeit, die ihm bei seiner Größe Metellus kaum zugetraut hatte, sein Bein zurück und startete sofort den nächsten Angriff. Jeder Attacke folgte die Parade mit der Gegenattacke, die ebenfalls pariert wurde, und so ging es einige Zeit fort. Aber dann erkannte Metellus' Gegner, dass er mit Fechtkunst allein nicht zum Ziel kam und begann, seine stärkste Waffe einzusetzen, seine ungeheure Kraft. So führte er gewaltige Hiebe gegen Metellus. Zwar konnte dieser sie mit seinem Schild abfangen, aber allmählich wurde sein den Schild tragender Arm durch die Wucht der Schläge gefühllos. Zudem drängte der Riese Metellus immer mehr in die Ecke der Halle und schränkte dadurch die Beweglichkeit seines Gegners ein. Mit letzter Kraft führte Metellus einen schnellen Stich gegen den Oberkörper des Riesen, dieser wich nicht rasch genug aus, so dass er am Schulterrand getroffen wurde. Erstaunen glitt über sein Gesicht, doch bevor er den nächsten Schlag führen konnte, warf sich Octavius zwischen die beiden Kämpfer mit den Worten: „Halt, bevor Ihr beide Euch gegenseitig totschlägt, wir haben jetzt genug gesehen!" Und er wandte sich an die Zuschauer: „Ich meine, er" und er deutete auf Metellus, „kann wirklich kämpfen. Was meint Ihr?" „Ja" rief der Kleine, „gegen Robustus hat noch keiner so lange gestanden!" Sogar der Mann, der zuerst gegen Metellus Stellung genommen hatte, trat auf ihn zu und sagte: „Verzeih', ich habe Dich falsch eingeschätzt, Du gefällst uns, wir werden Dir folgen!" Und Robustus fügte hinzu: „Alle Achtung, junger Centurio, Du hast mir ganz schön zu schaffen gemacht!" Metellus kam mit ihm ins Gespräch und erfuhr dabei, dass Robustus in Wirklichkeit ganz anders hieß, diesen Namen aber auf Grund seiner Stärke einmal erhalten und nicht mehr losgebracht hatte. Ähnliches galt für den Kleinen, der wurde allgemein nur Celerus genannt, weil er so schnell laufen konnte wie kein anderer.

Metellus fühlte, dass er hier erste Sympathien gewonnen hatte. Es sollten bald weitere folgen.

VII

In den diesem ereignisreichen Tag folgenden drei Tagen wurde Metellus von Octavius in die Gegebenheiten des Lagers eingeführt. Seine Truppe bestand aus 61 Mann, zuzüglich 11 Reitern, denen 14 Pferde zur Verfügung standen. Es war dies wenig in Anbetracht der strategischen Bedeutung des Lagers: Wer hier saß, beherrschte nämlich die vorbeiführende Straße und damit den Zugang zum Ostufer des Sees und nach Kapharnaum. Im Laufe der Gespräche bestätigte Octavius auch Metellus' ersten Eindruck, dass die Mauer die Schwachstelle der Lagerverteidigung war. „Warum macht man sie nicht höher und stärker?" fragte Metellus. „Der Grund trägt nicht, es verläuft eine Schicht weicher Erde parallel zur Mauer, sie selbst wurde schon auf dieser Schicht errichtet, man hat damals nicht darauf geachtet. Abgraben bis zur tragfähigen Schicht heißt zunächst die bestehende Mauer abzureißen" war die Antwort, die alles andere als beruhigend war. „Und wie wäre es, weiter vorne eine zweite, höhere Mauer zu bauen?" schlug Metellus vor. „Das wäre im Prinzip möglich, aber sie müsste, um auf tragfähigem Grund zu stehen, sehr weit vorne errichtet werden, und dort ist, wie Du siehst, das Plateau wesentlich breiter, daher müsste die Mauer entsprechend länger sein. Und dann ist der Hang vorne schon etwas weniger steil als hier", und damit zeigte Octavius auf das Gelände hinter der Mauer, „sodass geschickte Kletterer dort hinauf und hinter die Mauer gelangen könnten. Wir müssen uns also bis auf weiteres mit dem abfinden, was wir haben." Mit diesen Worten lud Octavius Metellus zum Essen ein. Sie aßen in einem kleinen Raum im Obergeschoß, die Mannschaft in einem Saal unten. „Warum essen nicht alle gemeinsam?" wollte Metellus wissen. „Der Koch hat gemeint, es sei so besser, ich könne da oben in Ruhe meine

24

Mahlzeit einnehmen und mich dabei mit den Angelegenheiten des Lagers befassen. Und vielleicht ist's hier", und dabei wies Octavius auf die vor ihm liegenden Speisen, „auch besser als da unten." Metellus beschloss im Stillen, bei erster Gelegenheit mit der gesamten Mannschaft zu essen.

Dazu kam Metellus während der nächsten drei Tage nicht, aber er konnte sich unter der Anleitung von Octavius mit der Buchhaltung der Lagerkasse vertraut machen. Da waren alle Ausgaben verzeichnet, der Sold für den Hauptmann und die Mannschaft, Öl für die Lampen, die Kosten für Fackeln und allerlei Reparaturen, und natürlich auch die Ausgaben für die Ernährung von Mensch und Tier. Da Metellus sich das genau ansehen wollte, ließ er die Buchhaltungsunterlagen nicht zurücktragen, sondern behielt sie in seinem Raum. Als die drei Tage vorbei waren und Metellus mit allen wichtigen Angelegenheiten vertraut war und keine Fragen mehr hatte, nahm Octavius seinen Abschied und Metellus blieb mit der Mannschaft allein zurück.

Schon am nächsten Tage wollte Metellus mit der Mannschaft essen. Als er das dem Koch, der ihm die Speisen brachte, mitteilte, schien das diesem gar nicht recht zu sein. „Ich habe mir solche Mühe gegeben, Dir etwas besonderes zu machen!" brachte er verdrossen hervor, aber Metellus blieb bei seinem Entschluss: „Trag das hinunter zu den anderen!" Metellus folgte dem Koch nach einer kurzen Weile, und als er unten ankam, war der Koch schon verschwunden. Fast alle der Mannschaft starrten neidvoll auf das gebratene Huhn, das für Metellus bestimmt war und der Koch auf einen kleinen gesonderten Tisch gestellt hatte. „Ist das Dein Essen?" fragte einer. „Der Koch hat es für mich bereitet" antwortete Metellus. „Hast Du ihm das angeschafft?" wollte ein anderer wissen. „Nein, ich habe keine Ahnung gehabt, was er bringt. Und nun zeigt mir was Ihr bekommen habt." Der, der gerade gefragt hatte, wies auf einen Kessel, der in der Mitte eines großen Tisches stand, an dem die meisten saßen. Darin sah Metellus einen Brei von graugrüner Farbe, in dem einige Stücke zerkleinerten Gemüses schwammen. Metellus ließ sich einen Löffel geben und kostete.

Es schmeckte nach nichts und war ungesalzen. Auf seine Frage, ob das immer so sei, erhielt Metellus zur Antwort: „Leider ja!" Metellus ließ den Koch rufen: „Ist es Dir denn nicht möglich, den Leuten ein besseres Essen zu bereiten? Das hier ist doch ungesalzen und ich kann nur irgendwelches Kraut darin finden." „Herr, Du weißt, mit wie wenig Geld ich auskommen muss und wie teuer Salz ist, und Geflügel und gutes Fleisch schon gar!" Metellus durchfuhr es wie ein Blitz: Hatte er bei der ersten Durchsicht des Lagerkassenbuches nicht auch die Ausgaben für die Küche gesehen? Da sollte er der Sache doch nachgehen und überprüfen, ob es sich wirklich so verhielt wie es der Koch angab. Er ließ sich aber nichts anmerken und gab eine ausweichende Antwort: „Ja, ja, aber sieh zu, was Dir möglich ist!" Für den Moment blieb Metellus nichts zu tun als den Koch wieder wegzuschicken und zu befehlen, man solle sein Huhn zerteilen und in den Kessel werfen, vielleicht werde der Brei dann etwas besser. Die Arbeit des Zerteilens und Einmischens übernahm sofort Robustus, von dem es hieß, Essen gehe ihm über alles und er könne unglaubliche Mengen vertragen, ohne dass es seiner Kriegskunst im geringsten schade. Als er fertig war, aß auch Metellus von dem Gemisch. Ein Unterschied zu vorher war nicht zu bemerken, aber Metellus würgte das Zeug tapfer hinunter. Kaum war er damit fertig, gab er an, einen Bericht an Lucius verfassen zu müssen, ging hinauf und begann die Lagerbuchhaltung zu studieren. Schon nach einigen Minuten fand er eine Notiz über den Kauf eines Sackes Salz vor etwa einer Woche, er notierte sich den Kaufpreis. Dann ließ er sein Pferd satteln mit der Begründung, er müsse jetzt nach Kapharnaum reiten, um Lucius den Bericht zu geben und einige Sachen zu besprechen. Metellus vermied es, im Lager jemanden zu fragen, wie viel Salz in einem Sack eines bestimmtem Preises enthalten sei, denn es sollte ja niemand wissen, dass er den Verdacht hatte, da stimme etwas nicht.

In Kapharnaum angekommen, fragte er den ersten Händler, den er traf, nach Salz. Prompt wurde ihm ein Sack angeboten, dessen Preis etwas höher genannt wurde als jener, der aus den Verrechnungsunterlagen ersichtlich gewesen war, aber mit Handeln hätte man ihn sicher zum gleichen Preis erhalten können. Metellus interessierte ja in erster Linie die Größe des Sackes: er schien etwa drei Spannen hoch und eine Spanne breit zu sein. Mit soviel Salz musste man doch für die 73 Mann, die der Koch zu verpflegen hatte, einige Zeit auskommen. Damit fand Metellus seine erste Vermutung bestätigt: Da stimmte etwas nicht!

Einige Tage später wurde sein Verdacht bekräftigt, als wieder ein Sack Salz verrechnet wurde. Metellus ging nach zwei Tagen unter einem Vorwand in die Küche, als der Koch gerade nicht da war, und begann nach dem Salzsack zu suchen. Er fand nur einen angebrochenen Sack von fast der gleichen Größe wie jener, der ihm in Kapharnaum gezeigt worden war, aber in diesem war nur mehr eine sehr geringe Menge enthalten. Einen vollen Sack Salz konnte Metellus nicht finden.

Am nächsten Tag zog Metellus Robustus ins Vertrauen. Der schien ihm am geeignetsten, weil es hieß, ihm gehe Essen über alles. Robustus zog die Augenbrauen hoch, erklärte sich sofort zur Mitarbeit bereit und schlug vor, auch Celerus einzuweihen: „Wer immer da etwas angestellt hat, Davonlaufen hilft ihm nicht, denn Celerus holt alle ein!"

Die drei warteten, bis der nächste Salzsack verbucht wurde, daneben war der Kauf einer Lammkeule eingetragen. Beides fanden die drei unmittelbar nach der Buchung in der Küche vor, die Übernahmekontrolle hatte also funktioniert. Metellus wollte den Sack beschriften, aber Celerus wandte ein, dass man damit den Täter warnen würde und schlug als Alternative vor, etwas im Sack zu verstecken. Metellus nahm eine Nuss, ritzte mit dem Dolch SPQR ein und verbarg sie im Salz nahe dem Sackboden. Ähnlich verfuhren sie mit der Lammkeule: Robustus zog einen Schnitt, der bis zum Knochen reichte, legte ein Stück des Knochens frei und Metellus ritzte SPQR ein. Der Schnitt war kaum zu bemerken, denn ein Hautstück deckte ihn fast zur Gänze ab. Nun galt es nur noch, den Koch, gegen den sich der Verdacht immer mehr richtete, zu überwachen. Celerus übernahm diese Aufgabe und meldete schon am übernächsten frühen Morgen, der Koch hätte soeben mit einem Sack das Lager verlassen. Sofort ritten die drei ihm nach, überholten sein langsam dahin trabendes Pferd auf der Straße nach Kapharnaum, aber zogen an ihm vorbei, so, als wäre nichts geschehen und versteckten sich am Eingang der Stadt. Der Koch ritt ahnungslos an ihnen vorbei, sie folgten ihm vorsichtig. Wie vorhergesehen, betrat der Verfolgte das Geschäft des Händlers, bei dem in der Regel Fleisch und Salz gekauft wurde und kam nach kurzer Zeit wieder heraus, den Sack mit Kraut gefüllt. Metellus stellte ihn und fragte nach dem Verbleib der Lammkeule und des Salzes. Der Koch tat so, als wisse er von nichts, aber Robustus zog ihn in den Händlerladen, wo sich das Fleisch und der Salzsack leicht finden ließen. Auf die Frage, ob er diese beiden Sachen kenne, log der Koch und beteuerte, sie nie gesehen zu haben. Da legte Robustus in der Lammkeule die Stelle mit den Buchstaben SPQR frei und Celerus holte aus dem Sack die Nuss hervor. Als der Koch die eingeritzten Zeichen sah, brach er zusammen und flehte um Gnade. Dasselbe tat der Händler, auch für ihn war die Beweislage erdrückend geworden. Ihn stellte Metellus vor die Wahl: Entweder die Galeere oder ein Jahr lang alle Käufe des Lagers zum halben Preis. Seufzend entschied der Händler sich für das letztere.

Den Dieb schickte Metellus noch am selben Tag unter Bewachung mit einem detaillierten Bericht nach Kapharnaum, dort sollte Lucius entscheiden, was weiter mit ihm zu geschehen hätte.

Im Lager übernahm einer für ein paar Tage provisorisch die Küche, nach einer Woche traf aus Kapharnaum der neue Koch ein, den Metellus angefordert hatte. Er erwies sich als tüchtig und nahm erfreut zur Kenntnis, ein Jahr lang in Kapharnaum zum halben Preis einkaufen zu können. Schlagartig verbesserte sich die Qualität des Essens und Robustus, der sich am meisten darüber freute, ließ keine Gelegenheit aus, den anderen zu erzählen, wer dafür gesorgt hatte. Nicht nur in ihm hatte Metellus nun einen treuen Freund gewonnen.

VIII

„Du hast hier zwei Feinde: Den da drüben und den hier rings um Dich". Dieser Satz ging Metellus nicht aus dem Sinn. Es war ihm klar, dass er sich hier in keiner einfachen Lage befand, man musste doppelt vorsichtig sein, zumal man da wie dort einer gigantischen Übermacht gegenüber stand. Wohl hatten die Römer die überlegene Kriegskunst, die disziplinierteren Soldaten und teils auch die besseren Waffen, aber das wog nicht alles auf. Metellus überlegte lange, was er tun könne, um seine Situation zu verbessern. Mit denen drüben, jenseits der Grenze, zu reden, schien ihm aussichtslos und auch zu risikoreich. Niemand würde einem Vertrag mit diesem Feind trauen, abgesehen davon, dass er, Metellus, ja gar nicht die Vollmacht hatte, ein solches weitreichendes Abkommen zu schließen. Also blieb nur der Weg zum inneren Feind. Doch wie sollte man das machen? Die politische Führung der Gegnerschaft war ja im Dunkeln, niemand hätte ihm sagen können oder wollen, an wen man sich zu wenden hätte. Aber hatte Lucius, der Befehlshaber in Kapharnaum, nicht gesagt: „Für die gilt nur ihre Religion?" Vielleicht lag da der Schlüssel und was konnte es schon schaden, wenn er, Metellus, sich etwas näher damit befasste?

Am nächsten Tag ritt Metellus nach Kapharnaum hinein und erkundigte sich an mehreren Stellen, mit wem man hier über religiöse Dinge reden könne. Man nannte ihm einige Namen, aber einer kam immer wieder vor: Zacharias, der sei in der Thora, den Schriften, welche die Grundlagen der Weltanschauung der hiesigen Bevölkerung beschrieben, bewandert wie kaum ein anderer. Also schrieb Metellus einen Brief an Zacharias auf Griechisch, als gebildeter Mann würde Zacharias diese Sprache sicher beherrschen. Darin bat Metellus Zacharias um ein Gespräch in religiösen Angelegenheiten. Er, Metellus, warte auf eine Antwort. Den Brief gab er einem Boten, der ihm vertrauenswürdig erschien, zusammen mit einem Denar, und beauftragte ihn, Zacharias das Schreiben zu überbringen. Metellus musste nicht lange warten, die Antwort – ebenfalls auf Griechisch – kam prompt und lautete: „Wie kommt es, dass Du, Metellus, der jetzt hier zu befehlen hat, mich um etwas bittest, noch dazu in religiösen Dingen? Wisse: Wenn dies nicht zum Nachteil meines Volkes ist, so steht Dir mein Haus stets offen. Doch teile mir zuvor mit, wann Du kommen willst." Metellus erkundigte sich, wann für so einen Besuch die geeignete Tageszeit sei. Man empfahl ihm den späten Nachmittag und zu einer entsprechenden Stunde sagte Metellus sich für den nächsten Tag an. Umgehend kam die Nachricht, er sei willkommen.

Wie vereinbart, kam es zur ersten Begegnung. Zacharias war ein alter Mann, Metellus schätzte ihn auf etwa 80 Jahre, ging mühsam und gebückt mit Hilfe eines Stockes, hatte schlohweißes, reichliches Haar und tiefblaue Augen. Er sprach langsam, überlegte vor Beginn eines Satzes oft einige Zeit und wählte seine Worte entsprechend sorgfältig. Der ersten Begegnung folgten viele weitere und Metellus fand schon nach kurzer Zeit bestätigt, was Lucius ihm gesagt hatte: „Denen geht die Religion über alles!" Umso wichtiger war es für ihn, diese kennen zu lernen. Bald erfuhr er von Zacharias, dass es einen ganz wesentlichen Unterschied gab zu jenem Glauben, der ihm von Kind auf vertraut war: Da hatte man ihn gelehrt, dass es eine Vielzahl von Göttern gebe, von denen jedem ein oder mehrere bestimmte Bereiche zugeordnet waren. Jupiter war der oberste Gott, sozusagen der Chef der Götterwelt, Minerva war für Weisheit zuständig, Mars für kriegerische Angelegenheiten, Venus für die Liebe, Mercur für Gelddinge, Bacchus für Wein, und viele andere Götter für andere Gebiete. Bei den Juden war das ganz anders: Sie glaubten, es gäbe nur einen einzigen Gott, der alles, was auf der Welt existierte, geschaffen habe und somit für alles zuständig sei. Ihm allein würde in den jüdischen Tempeln geopfert, er allein würde von den Gläubigen angebetet und verehrt, nur an ihn wären ihre Gebete gerichtet. Zacharias beschrieb ihn als einen gütigen Gott, der den Menschen Gnaden erteile, aber auch strafen könne. Die Frage Metellus', ob es ein Leben nach dem irdischen Tod gebe, konnte oder wollte Zacharias nicht eindeutig beantworten, er führte aus, dass sich hier die Gesetzeslehrer nicht einig seien: Einige meinten, die Toten kämen in ein Totenreich und verblieben für alle Zeiten dort, andere hingegen lehrten, dass es nach dem irdischen Tode eine Wartezeit bis zu einem vollen Weiterleben gebe, in welcher Form, sei noch Geheimnis. Metellus erfuhr weiters, dass die Religion der Juden auch zahlreiche Anweisungen beinhalte, wie man sich im täglichen Leben zu verhalten habe. Dass man sich vor dem Essen die Hände waschen solle, fand Metellus sehr vernünftig, die Vorschrift, an jedem siebenten Tag der Woche, dem Sabbat, fast alle Arbeit, bis hin zum Reisen, zu unterlassen, erschien ihm etwas weltfremd, aber er beschloss, im weiteren Verkehr mit der örtlichen Bevölkerung darauf Bedacht zu nehmen.

Eines Tages kam Zacharias auf etwas zu sprechen, was Metellus aufhorchen ließ. Es war die Rede von einem „Messias", auf den die Juden warteten und der eines Tages kommen werde, und zwar als glorreicher König aus dem Hause Davids. Sein Erscheinen wäre geweissagt worden, so wisse man zum Beispiel seinen Geburtsort, nämlich Bethlehem, aber wann er kommen werde, sei nicht bekannt, also müsse man mit Sehnsucht auf ihn warten. Warum man ihn denn so ersehne, wollte Metellus wissen. Das sei eine heikle Frage, antwortete Zacharias, „denn wir Juden erwarten von dem Messias, dass er uns befreien und die Unabhängigkeit des jüdischen Reiches wieder herstellen wird." Bei diesen Worten legte Zacharias begütigend seine Hand auf den Arm des Römers. Metellus ahnte das Problem, das Zacharias mit seiner Geste andeutete, und entgegnete, dass ja bereits Herodes als König für Galiläa, also das Gebiet hier, vom Imperator eingesetzt worden sei. Nach einigem Zögern antwortete Zacharias, dass nicht der Imperator den Messias einsetzen werde, sein Königreich werde vielmehr von Gott verliehen und der Messias werde in allen Bereichen herrschen, wie die jüdischen Propheten gelehrt hätten. Metellus fand, dass da eine erhebliche Ähnlichkeit bestehe mit dem, was der Imperator sei, auch der sei ja göttlich und herrsche, fast soweit die Erde reiche. Zacharias lächelte und schilderte, was es für ein Gott sei, der den Messias senden werde, und dass dieser ein Friedensreich bringen werde.

Metellus ging von diesem Gespräch mit einem zwiespältigen Eindruck weg: Zwar sollte dieser Messias ein Friedensreich errichten, aber wie sollte es dazu kommen, ohne zuvor in kriegerischen Konflikt mit dem Imperator zu geraten? Nach einiger Überlegung stand für ihn fest: Obwohl man hier stets mit Scharmützeln und Überfällen rechnen musste, so hatte doch der Imperator und mit seiner Vollmacht der Prokurator Pontius Pilatus die Lage einigermaßen im Griff, überhaupt, solange dieser Messias sich nicht bemerkbar machte. Und wenn der eines Tages auftauchen sollte, dann werde man ja sehen, wie er sich verhalten würde.

IX

Einige Monate nach seinem Amtsantritt musste Metellus eine wichtige Botschaft nach Caesarea senden. Celerus wurde dafür bestimmt, sie zu überbringen, er nahm Iunius, den Dolmetscher, und Lucanus, einen weiteren Soldaten, mit. Als sie mit einem Tag Verspätung zurückkamen, hatte Celerus zusätzlich zu seiner Meldung über die Erledigung seines Auftrages etwas Merkwürdiges zu berichten: „Metellus, die Sache, die ich Dir jetzt erzählen werde, hat mit der Botschaft, die Du mir übergabst, nichts zu tun, aber sie ist so sonderbar, dass Du es wissen musst. Am späten Nachmittag des ersten Tages unseres Rittes nach Caesarea gerieten wir in ein starkes Unwetter. Wir wollten zunächst unseren Ritt fortsetzen, aber die Pferde begannen vor den Blitzen und den Donnern zu scheuen. Wir sahen ein kleines Dorf rechts liegen und ritten dorthin, in der Hoffnung, einen Unterstand zu finden, um das Gewitter abwarten zu können. Das erste Haus, an das wir anklopften, blieb verschlossen, aber einen Steinwurf weiter bemerkten wir ein größeres Haus, aus dem lautes Stimmengewirr drang. Ein Mann öffnete uns, war über unser Erscheinen zunächst etwas erstaunt, ließ uns aber, als wir um Schutz vor dem Unwetter baten, eintreten und teilte mit, dass wir mitten in eine Hochzeitsfeier geraten waren. Wir hatten nicht viel an Geschenken zu bringen, jeder gab, was er bei sich hatte: Iunius konnte sogar einen kleinen silbernen Becher beisteuern. Wir ließen uns zum Brautpaar führen, wünschten den beiden alles Gute und viele gesunde Nachkommenschaft und überreichten unsere Gaben. Man hieß uns dann freundlich willkommen, wir konnten unsere nassen Uniformen trocknen und am Essen teilnehmen und sogar für unsere Pferde sorgte man. Das Essen war gut, der Wein ging an, nur die Harfenmusik, zu der einige junge Leute zu tanzen versuchten, gefiel nicht. Man sagte uns, dass der Harfenspieler in letzter Minute als Ersatz eingesprungen war. Er spielte häufig falsche Töne und den Takt zum Tanz konnte er auch nicht halten, sodass die Tänzer bald die Lust verloren und sich setzten. Da bat Lucanus, man solle ihm die Harfe für kurze Zeit überlassen. Man gestattete es ihm, er zog sich mit dem Instrument zunächst in eine Ecke zurück, kam aber bald wieder heraus und begann zu spielen und zwar so gut, dass das Hochzeitspaar und die Gäste wieder Freude am Tanz hatten. Bald entstand ein großes Gedränge auf der Tanzfläche und dann passierte es: Ich weiß nicht, wie es geschah, vielleicht spielte Lucanus zu temperamentvoll, irgendein Tänzer musste zwei Diener angestoßen haben, die gerade eine große Amphore mit Wein hereinschleppten. Das Gefäß fiel zu Boden, zerbrach und der Wein floss aus. In der allgemeinen Verwirrung schrien alle durcheinander, aber Iunius glaubte verstanden zu haben, dass das die letzte Amphore gewesen wäre, sodass es jetzt keinen Wein mehr gäbe. Ich saß mit Iunius am unteren Tafelende, schräg gegenüber von mir eine Frau und neben ihr ein junger Mann, man sagte mir, es seien Mutter und Sohn. Die wechselten einige Worte miteinander, dann rief der Mann zwei Diener zu sich und sagte ihnen, wie mir Iunius verdolmetschte, sie mögen einige große Wasserkrüge, die da leer herumstanden, mit Wasser füllen und ihm bringen. Als das geschehen war, sprach er leise einige Worte und schickte die Diener mit den Krügen zum oberen Tafelende. Sie taten es und dort entstand großes Geschrei. Iunius verstand daraus einige Worte, die darauf schließen ließen, dass sich in den Krügen guter Wein befand. Tatsächlich war die Weinqualität, als wir nun kosten konnten, hervorragend. Ich fragte nach dem Namen des Mannes, der das getan hatte, man sagte mir, er hieße Jesus und sei aus Nazareth. Ich hätte gerne mit ihm gesprochen, aber wir mussten weiter, das Gewitter war vorbei. Metellus, was hältst Du von dieser Geschichte?" „Dass Dir der gute Wein zu gut geschmeckt hat" antwortete Metellus lächelnd. „Metellus, Du weißt, dass ich nie über den Durst trinke, aber wenn Du mir nicht glaubst, so frage Iunius und Lucanus". Metellus hielt zwar von der Sache nichts und hatte andere Angelegenheiten im Kopf, aber er ließ sich dennoch von Iunius berichten. Was der sagte, deckte sich völlig mit Celerus' Bericht, nur an den Namen des Mannes konnte sich Iunius nicht mehr genau erinnern: „Iezus oder so ähnlich." Lucanus, sodann befragt, hatte von den Wasserkrügen nichts bemerkt, er sei ja mit der Harfe woanders gesessen. Aber die hervorragende Weinqualität nach dem Ungeschick mit der Amphore bestätigte auch er. Metellus hielt die Angelegenheit dennoch nicht für wichtig und hatte sie schon fast vergessen, bis einige Monate später der alte Zacharias ihm bei einer der Zusammenkünfte ganz aufgeregt sagte, er hätte Informationen, dass jemand in Galiläa umherzöge, der Taten vollbringe, die man nur als Wunder bezeichnen könne. Gelähmte würden plötzlich gehen können, Blinde würden sehend, Stumme könnten normal reden, Kranke aller Art wären geheilt worden und sogar ein Toter wäre wieder lebendig geworden. Vielleicht sei das der Messias, dem laut Weissagung solche Taten zugeschrieben seien. Angeblich hieße dieser Mann Jesus und er sei aus Nazareth. Metellus stutzte bei „Nazareth": Hatte da nicht Celerus von einem Mann aus Nazareth berichtet? Zurück im Lager fragte Metellus Celerus, wie der Mann in dem Dorfe geheißen habe, der Wasser in Wein verwandelt hatte. Celerus konnte sich zuerst nur mehr daran erinnern, dass der Mann aus Nazareth gewesen sei, aber als Metellus fragte, ob es vielleicht ein Jesus aus Nazareth gewesen sei, rief Celerus sofort,: „Ja, ja, so hat der Mann geheißen!"

X

Metellus war einer, der an Schönheiten der Natur nicht achtlos vorüber ging, sondern gelegentlich auch Mühe auf sich nahm, um sie genießen zu können. Längst hatte er sich bei seinen Leuten erkundigt, wie es eigentlich bergseits des Lagers aussehe. „Nichts als Gestrüpp und ein paar armselige Wiesen zwischen vielen Steinen" hatte man ihm gesagt. Aber Metellus wollte sich selbst davon überzeugen, und vor allem feststellen, ob nicht ein anderer Zugang zum Lager als über die Rampe möglich war, schon aus dem Grund, auf einen allfälligen Angriff von der Bergseite her vorbereitet zu sein. Also ging er an einem Nachmittag am Ostrand des Plateaus den mäßig steilen Abhang hinauf, zunächst entlang eines Fußsteiges, der aber allmählich immer schmäler wurde und sich schließlich verlor, sodass Metellus über Stock und Stein steigen musste. Wie man ihm gesagt hatte, kam er an ein paar kümmerlichen Wiesen vorbei, am Südrand einer derselben glaubte er eine winzige Hütte in einer Mulde erkennen zu können. Immer weiter ging es bergauf, und allmählich trat das ein, wonach er sich gesehnt hatte: Hatte man zunächst nur das Lager am Plateau sehen können, so war von weiter oben ein Blick über das gesamte Plateau hinweg möglich und allmählich auch ein schmaler Streifen des Sees nahe dessen Westufer. Je höher er kam, desto mehr vom See konnte Metellus sehen, bis der sichtbare Seeteil so breit war, dass er in der tief stehenden Sonne wie ein Spiegel glänzte. Fast hätte er beim Genuss dieses Anblickes vergessen, wozu er eigentlich heraufgestiegen war, aber eine kurze Besichtigung der Gegebenheiten ringsum machte es ihm bald klar: Hier herauf konnte man nur über den Weg kommen, den er selbst gerade gegangen war, denn auf der Nordseite ging es zumeist steil bergab durch dichte Dornenhecken, und auf der Südseite gab es undurchdringliches dorniges Gestrüpp, bis das Gelände ebenfalls in einen steilen Hang überging, der offenbar bis hinunter zur Straße nach dem Osten führte. Erleichtert atmete Metellus auf und wollte sich einige Minuten der Ruhe gönnen, eine Mulde in einer Geländestufe, in der sich, vom Wind geschützt, eine Grasdecke gebildet hatte, lud förmlich dazu ein, zumal es warm und windstill war. Metellus streckte sich in der Mulde auf dem Gras aus und ließ seine Gedanken schweifen: Das Problem der Mauer kam ihm immer wieder in den Sinn, aber zwischendurch galten seine Gedanken auch dem Zuhause, er sah seine Mutter vor sich, die ihn nicht fortziehen lassen wollte, dann plötzlich Zacharias. Ob der ihm beim Mauerproblem helfen könnte? Hatte ihm nicht sein Vater geraten, in ähnlichen Situationen den Rat eines Einheimischen zu suchen? Metellus nahm sich vor, Zacharias bei Gelegenheit zu fragen und ließ seine Blicke über die am Himmel langsam dahinziehenden Wolken schweifen. Wie schön doch das von Zweigen eines alten Feigenbaumes eingerahmte Bild des Sees im Sonnenlicht glänzte, die Felsen in der Umgebung nahmen im Abendrot immer mehr einen rosa Farbton an, der Metellus so gut gefiel, er erinnerte ihn an die Abendstunden am elterlichen Gut, wenn die Abendsonne ein Spiegelbild einiger Bäume in einem kleinen Weiher malte. Von diesen Gedanken abgelenkt wurde er durch zwei Falter, die vor seinen Augen ihren Liebestanz vollführten. Metellus verfolgte ihren Flug, bis sie seinen Blicken entschwanden. Nach einer kleinen Weile hörte er von ferne das Abendlied eines Vogels und schloss die Augen, um sich ganz dem Gesang hinzugeben. Könnte er doch öfter so liegen und ruhige Stunden genießen! Wie süß doch der Vogelgesang für seine Ohren klang! Schön war die Welt im Frieden.....

XI

Im Sanhedrin, dem Hohen Rat der Juden zu Jerusalem, war es an diesem Tag zunächst ganz ruhig zugegangen, wie gewöhnlich. Man beschloss, einer kinderlosen alten Frau, die vor kurzem zur Witwe geworden war, eine Unterstützung zu gewähren, dann wurde vereinbart, den schon unansehnlich und etwas schleißig gewordenen Vorhang im Tempel zu erneuern, und weiters wurde bestimmt, wer für die Verwaltung der Opfergaben künftig zuständig sein solle, denn der bisherige Verwalter war schwer erkrankt.

Aber so sehr bisher Einhelligkeit der Meinungen geherrscht hatte, so sehr prallten bald die Gegensätze aufeinander, als Kaiphas, der Vorsitzende, die Debatte eröffnete, was von einem gewissen Jesus aus Nazareth zu halten sei. Als erster meldete sich Lamech zu Wort und beklagte sich bitter, er sei von diesem Jesus beschimpft worden, als er, Lamech, ihn zurecht gewiesen hätte, dass seine Jünger sich nicht die Hände vor dem Essen gewaschen hätten. „Heuchler hat er mich genannt!" rief Lamech laut in den Saal. Sofort setzte ein anderer nach: „Und mich Schlangenbrut, und das vor allen Leuten!". „Ja, und mich hat er mit einer Natter verglichen!" schrie ein Dritter. Immer mehr wurden es, die sich über das Verhalten dieses Jesus beklagten. Nur Nicodemus, ein reicher Tuchhändler, brachte vor, dass dieser Jesus doch auch sehr positive Taten gesetzt habe, die schwerer wögen als die Beleidigungen, so ungehörig diese auch sein mögen. So hätte dieser Jesus einen blinden Mann wieder sehend gemacht, und eine ganze Gruppe von Aussätzigen sei plötzlich völlig gesund geworden, als sie sich mit der Bitte, sie zu heilen, an diesen Jesus gewandt hätten. „Das sagt nichts!" schrie jedoch sofort einer aus der größeren Gruppe, „auch mit Hilfe des Bösen können solche Taten vollbracht werden! Hat nicht unlängst dieser Ikabod eine Menge Leute mit geheimnisvollen Säften geheilt, bis sich herausstellte, dass er sie von einem indischen Händler mit gestohlenem Geld gekauft hatte!" „Dieser Jesus stiehlt aber nicht!" entgegnete Nicodemus empört. „Aber er schuf diese Taten, um zu begründen, er sei der Messias! Jedoch: Was erwarten wir denn vom Messias? Dass er unser Reich wieder aufrichte, nicht wahr? Und was tut dieser Jesus? Nichts dergleichen! Mit Dirnen gibt er sich ab und mit Zöllnern, diesen Blutsaugern und Knechten des Imperators in Rom! Und das soll der Messias sein? Nein, er ist ein Hochstapler, der sich gegen unseren Glauben versündigt. Er hat den Tod verdient!" „Aber er kann doch der Messias sein, denn dieser Jesus ist in Bethlehem geboren, wie es in der Schrift für den Messias geweissagt ist!" „Na und?" scholl es entgegen: „Wie viele andere sind in Bethlehem geboren worden und werden es noch!" „Die Leute fangen an, ihm nachzulaufen und halten uns zunehmend für unglaubwürdig!" gab Jehiel, ein angesehener Rabbi, der Debatte eine neue Richtung. „Er hält doch unsere Gesetze und verweist oft auf die Schriften" hielt Nicodemus entgegen. „Aber er biegt die Gesetze so, wie es für sein Verhalten passt, hat er nicht erst vor wenigen Tagen an einem Sabbat geheilt, obwohl er dies am nächsten Tag ebenso gut hätte tun können!" warf ein anderer ein.

Es wurden immer mehr, die gegen diesen Jesus Stellung nahmen, und je länger die Debatte dauerte, desto lauter und emotioneller wurde sie geführt. Schließlich kam es dazu, dass einer der Anwesenden Nicodemus beschuldigte, er stecke mit diesem Jesus unter einer Decke. Da erkannte Kaiphas, dass er jetzt handeln musste, um zu verhindern, dass der Sanhedrin in zwei Gruppen zerfiel, die sich erbittert befehdeten. Er erhob sich, hielt die Hände empor und es wurde still im Saal. „Ehrwürdige Mitglieder unserer ehrwürdigen Versammlung" begann er, „wie die bisherige Debatte zeigt, droht die Gefahr, dass wir gespalten werden in jenen Teil unserer Mitglieder, die unsere Religion verteidigen und jene, die mit diesem Jesus sympathisieren, mag man nun von ihm halten, was man will. Hierbei ist das Entscheidende, so meine ich, die Frage, ob dieser Jesus der Messias ist oder nicht. Wenn Ihr meint, er sei es, dann soll er weiter tun wie bisher, denn dem ersehnten Wirken des Messias wollen wir nicht Einhalt gebieten. Ist er es aber nicht, obwohl er sich als solcher ausgibt, so ist er der schweren Gotteslästerung schuldig und Ihr wisst, was darauf steht: die Todesstrafe. Wir sollten darüber abstimmen. Was meint Ihr?" Es ergab sich eine deutliche Mehrheit für eine Abstimmung, und als es dazu kam, war ihr Ergebnis: Tod für Jesus.

Bei diesem Stand verließ Nicodemus den Saal. So konnte er nicht hören, dass ein Rechtskundiger darauf verwies, dass dieses Todesurteil der Bestätigung durch den Prokurator bedürfe, und ein anderer zu bedenken gab, dass man jenes Jesus erst einmal habhaft werden müsse. Sein Aufenthaltsort sei ja unbekannt, er ziehe im Land hin und her, zumeist durch kleine Dörfer, wo er immer mehr Anhänger finde. Ihn dort zu verhaften, womöglich nach einer soeben vollbrachten Heilung oder gar einer Totenerweckung, bringe die Gefahr eines Widerstandes der Bevölkerung mit sich, bis hin zur offenen Rebellion. Dem musste Kaiphas zustimmen und so verfügte er zu warten, bis sich eine günstige Gelegenheit ergäbe.

Nicodemus aber, kaum zu Hause angelangt, veranlasste sofort die Absendung einer Warnung an Jesus, was ihm drohe.

XII

Als Metellus erwachte, war es schon fast völlig dunkel. Mit einem Sprung war er auf den Beinen und begann, so rasch es ging, zum Lager zurückzugehen, dort würde man sich ja schon Sorge um seinen Verbleib machen. Obwohl Metellus den Weg kannte, war Vorsicht geboten, es gab genug Löcher und Stolpersteine am Weg, der noch dazu gewunden war, und ausgerechnet jetzt hatte eine Wolkendecke Mond und Sterne verdeckt. Als Metellus noch nicht einmal eine Viertelstunde gegangen war, glaubte er, etwas zu hören, was so ähnlich klang wie das Wimmern eines Kindes. Er blieb stehen, tatsächlich, da war so ein Geräusch. Er ging in die Richtung, aus der die Laute kamen, und hatte bald entdeckt, was die Ursache war: Trotz der Finsternis war zu erkennen, dass ein kleines Lamm in einer Bodenmulde lag und aus dieser nicht mehr heraus konnte, weil die Wände zu steil waren. Vermutlich war es in die Mulde hineingesprungen, verlockt vom üppigen Gras, das darin wuchs. Als Metellus das Tier vorsichtig heraushob, es schien unverletzt zu sein, hörte es zu wimmern auf, es spürte wohl menschliche Wärme, Zuneigung und Geborgenheit. Er fand den Weg wieder und ging weiter bergab, noch vorsichtiger als zuvor. Nach einiger Zeit bemerkte er in der Ferne einen schwachen Lichtschein, der unruhig hin und her bewegt wurde. Als Metellus näher kam, erkannte er einen Mann, der im Schein einer kleinen Öllampe, die nur wenig Licht gab, offensichtlich etwas suchte. Was, war nicht schwer zu erraten: es war ein Hirte, dem eines seiner Schäflein abgegangen war. Metellus ging auf ihn zu und hielt ihm mit ausgestreckten Armen das kleine Schaf entgegen. Der Mann ergriff das Tier mit zitternden Händen, drückte es an seine Brust und überschüttete Metellus mit einem Überschwang an Dankesworten, von denen dieser nicht ein einziges verstand. Als sich der Römer zum Gehen wandte, ergriff der Hirte seine Hand, zog ihn zu einer nicht weit entfernten kleinen Hütte und nötigte ihn einzutreten. Es war ein sehr kleiner Raum, in dem es nach allem Möglichem roch und vor allem noch finsterer war als draußen. Eine winzige Öllampe gab nur gerade so viel Licht, dass man sich orientieren konnte, viel sehen konnte man nicht. Plötzlich stand vor Metellus eine weitere Gestalt, offenbar die Frau des Hirten, worauf sich die unaufhörlichen Dankesreden wiederholten. Metellus wurde auf etwas gedrückt, was eine Sitzgelegenheit sein sollte, roh gezimmert aus irgendwelchen krummen Gewächsen. Davor stand ein großer Stein, welcher als Tisch diente und auf den die beiden aufbereiteten, was sie zu bieten hatten. Es gab alten Fladen, einen weichen Käse, offenbar aus Ziegenmilch, laues Wasser und etwas Wein, von dem Metellus im Stillen fand, dass es der elendste war, den er je getrunken hatte. Natürlich wollte Metellus die beiden nicht kränken und lobte mit Worten und Gesten die Gastfreundschaft des Hirtenpaares. Obwohl die Konversation sehr mühsam war, konnte sich Metellus nicht des Eindruckes erwehren, dass die beiden zwar bitter arm, aber liebenswerte Menschen waren.

Als nach etwa einer Stunde Metellus aufbrach, wollte ihn der Hirte zum Bleiben nötigen, aber Metellus gab ihm durch Zeichen zu verstehen, dass er ins Lager zurück müsse. Er tat mit der rechten Hand so, als schriebe er. Das begriff der Hirte, bestand aber darauf, Metellus zu begleiten, was diesem in Anbetracht der stockfinsteren Nacht und des gewundenen steinigen Weges nicht unangenehm war, denn die Lampe des Begleiters gab wenigstens etwas Licht, sodass man sah, wohin man den nächsten Schritt setzen musste. Etwa auf halbem Weg bemerkten sie unten eine Lichterkette, die sich langsam bewegte. Es waren Leute der Lagermannschaft, die sich mit Fackeln auf die Suche nach Metellus gemacht hatten, denn längst hatte man seine Abgängigkeit bemerkt und war zunehmend in

Sorge. Daher war die Erleichterung groß, als sie Metellus heil und gesund erkannten. Der berichtete ihnen kurz, wer sein Begleiter war und bat sie, zu ihm freundlich zu sein, denn eines war ihm klar geworden: In ihm hatte er einen Freund gefunden und vielleicht würde man dessen Hilfe einmal brauchen.

XIII

Alle paar Tage musste Metellus nach Kapharnaum reiten, um mit Lucius, dem dortigen Lagerkommandanten und seinem Vorgesetzten, die laufenden Angelegenheiten zu besprechen. Die Straße in Kapharnaum lief an einer Baustelle vorbei und so oft Metellus vorbeikam, sah er dort Arbeiter fleißig am Werk. Daher war der Bau schon bald bis fast zur Dachtraufe gediehen. Man sagte ihm, dass hier eine neue Synagoge, ein Gebetshaus, errichtet werde, als Ersatz für das alte Gebäude, dessen schlechter Zustand Metellus schon früher aufgefallen war. Aber eines Tages trat an dieser Baustelle Stillstand ein, kein Arbeiter war mehr zu sehen. Metellus wunderte sich und beschloss, Zacharias zu fragen, was da los sei. Als sich nach einigen Tagen die Gelegenheit dafür bot, gab Zacharias nach einigem Zögern die Auskunft, dass das Geld ausgegangen sei: „Zwei unserer reichen Mitbürger, mit deren größeren Spenden wir sicher rechnen konnten, sind plötzlich gestorben. Zwar sind Erben da, aber die leben nicht hier und haben uns wissen lassen, dass dort, wo sie jetzt wohnten, ihnen genug andere Bittsteller dauernd auf der Tasche lägen. Wir wissen also derzeit nicht, ob wir den Bau jemals werden vollenden können.'' „Was fehlt denn noch an Geld, um die Synagoge fertig zu stellen?'' wollte Metellus wissen. „Es sind noch etwa zwei Ellen aufzustocken, dann muss das Dach gezimmert werden und schließlich sind noch die restlichen Arbeiten zu bewältigen. Das Material dafür wird etwa 1500 Denare kosten. Für die Arbeit schätzen wir bei 20 Arbeitern etwa 4 Wochen, das macht 900 Denare an Lohn. Gibt man für unvorhergesehene Dinge noch etwa 200 Denare hinzu, so macht das zusammen ungefähr 2600 Denare'', rechnete Zacharias vor. „Kann man sich das fehlende Geld nicht ausborgen?"' „Das schon", antwortete Zacharias „aber irgendwann müssen wir es mit Zinsen zurückzahlen, und die sind hoch. Darauf können wir uns bei unserer angespannten finanziellen Situation nicht einlassen. Wir müssen also warten, bis wir von irgendwo Hilfe bekommen. Vielleicht geschieht ein Wunder."

Metellus überlegte: Er hatte für die Gesprächsstunden bei Zacharias bezahlen wollen, aber der hatte nie etwas angenommen, mit der Begründung, es freue ihn, einem Außenstehenden etwas über seine Religion sagen zu können. Jetzt ergab sich für Metellus die Gelegenheit, sich erkenntlich zu zeigen. Aber die fehlende Summe überstieg seine persönlichen Möglichkeiten bei weitem. Mit 200 Denaren aus seinem Vermögen hätte er helfen können, aber damit wäre so gut wie nichts getan gewesen. Lucius, der Lagerkommandant in Kapharnaum, war dafür sicher nicht zu haben, welcher Weg blieb also noch? Metellus wurde langsam bewusst, dass es nur eine einzige Möglichkeit gab: Die Lagerkasse, über die er ja die Gewalt hatte. Er wusste, dass in der Kasse etwa 3400 Denare waren; selbst wenn er 2600 entnähme, blieben immer noch 800, das würde reichen, bis man von Rom wieder Geld bekäme. Aber dieser Griff in die Kasse müsste irgendwie begründet werden und selbstverständlich müsste auch eine Sicherstellung gegeben werden für den Fall, dass man bei einer Kontrolle den Abgang bemerken und sicherlich nicht gutheißen würde.

Zacharias hatte natürlich bemerkt, dass Metellus etwas überlegte, und wie als hätte er Metellus' Gedanken erraten, sagte er: „Ich will nicht, dass Du in Schwierigkeiten kommst."

Aber gerade dieser Satz gab bei Metellus den Ausschlag. War er Schwierigkeiten jemals ausgewichen, hatte er sich nicht stets ihnen gestellt, damals in Germanien, als ein Überfall drohte, oder in Rom, als ihm das übelste Los zufiel? Wenn ihm ein Gott helfen würde, konnte er das Unternehmen wagen. Aber es wurde ihm bewusst, dass die Götter, mit denen er bisher vertraut war, an dieser Angelegenheit wohl nicht viel Gefallen finden würden. Aber der Gott, von dem ihm Zacharias laufend erzählt hatte, der müsste doch zuständig sein. Und so schickte Metellus eine kurze gedankliche Bitte an diesen Gott um Hilfe. Dann sagte er fest zu Zacharias: „Sei ohne Sorge, Zacharias, Du wirst die 2600 Denare in den nächsten Tagen bekommen!" Zacharias blieb fast die Sprache weg: „Von wem, Metellus?" fragte er nach einer Weile. „Von mir." „Bist Du denn so reich?" „Das nicht, aber ich werde das Geld beschaffen.". „Du wirst es doch nicht entwenden, Metellus!" brach es aus Zacharias hervor, als hätte er in Metellus' Gedanken gelesen. „Ich werde es mir ausborgen und sollte ich es nicht selbst zurückzahlen können, so wird es mein Vater tun. Er hat ein großes Gut in der Nähe von Rom. Er soll es dann von meinem Erbteil abziehen." „Metellus, ich danke Dir im Namen meiner Gemeinde, aber nochmals: Ich will nicht, dass Du in Schwierigkeiten kommst!" Metellus lächelte nur, und als er Zacharias beide Hände reichte, tat dieser etwas, was er bei einem Römer noch nie getan hatte: er umarmte Metellus.

Metellus eilte ins Lager zurück, ließ sich die Kasse bringen, nahm 2600 Denare heraus und legte eine Quittung hinein, in der er angab, dieses Geld Zacharias für den dringenden Bau einer Synagoge zur Verfügung gestellt zu haben. Er, Metellus, verpflichte sich, das Geld zu gegebener Zeit mit den üblichen Zinsen zurückzuzahlen, sein Vater hafte als Bürge.

Am nächsten Tag erhielt Zacharias das Geld. Mit vielem Dank nahm er es und fügte hinzu: „Es gibt also auch heute noch Wunder!"

Metellus aber hoffte, mit dieser Tat mit dem inneren Feind, von dem Lucius gesprochen hatte, zumindest einen Waffenstillstand geschlossen zu haben, wenn nicht sogar eine gewisse Freundschaft. Wenn Lucius die Kasse kontrollieren würde, womit man rechnen musste, mit ihm würde er, Metellus, reden können. Anders würde es sich verhalten, wenn Pilatus käme. Aber der saß in Caesarea und das war weit weg.

XIV

Bald merkte Metellus, dass sich seine Hilfe für den Synagogenbau herumgesprochen hatte. Leute, die sich bisher abgewandt hatten, wenn sie ihm auf der Straße begegnet waren, fingen plötzlich an, ihn zu grüßen. Und als einige Monate später die Synagoge fertig gebaut war und eingeweiht werden sollte, da wurde zu diesem Fest alles eingeladen, was Rang und Namen hatte, so auch Metellus, nur bat man ihn zuvor, nicht in der Synagoge Platz zu nehmen, er könne die Feier ja von außen verfolgen, man bäte aus religiösen Gründen um Verständnis für diesen Wunsch. Natürlich respektierte Metellus das, nahm aber Robustus, Celerus und vier andere mit, um der Präsenz der römischen Macht mehr Gewicht zu geben. So verfolgten sie die Feier in einer geschlossenen Gruppe vor dem Eingang der Synagoge. Einige hatten die Helme abgenommen, der großen Hitze wegen. Plötzlich schrie Robustus auf und stürzte zu Boden, aus einer schweren Kopfwunde quoll Blut. Ein Stein hatte ihn getroffen und ein Mann, der diesen Stein geworfen hatte, rannte die Straße entlang davon, Celerus sofort ihm nach. Er war dem Verfolgten schon sehr nahe, da flüchtete dieser in ein Haus und verriegelte die Türe hinter sich. Celerus brauchte einige Zeit, um mit zwei anderen die Türe aufzubrechen und als ihnen das endlich gelang, war vom Verfolgten nichts mehr zu sehen. Er war durch eine Öffnung an der Hinterfront des Hauses entwichen. Zwei alte Frauen streckten Celerus zitternd die Hände entgegen, von ihnen erfuhr er, dass der Verfolgte Barrabas hieß und hier wohnte, wenn er sich nicht in Jerusalem aufhielt. Nein, das Haus gehöre nicht ihm, sondern seinem Bruder. Zähneknirschend kehrte Celerus um.

Inzwischen hatte Metellus Robustus ins Spital bringen lassen. Er sorgte dafür, dass sich die besten Ärzte um ihn kümmerten, allmählich kamen auch zwei aus der Synagoge dazu. Aber alle gaben dem Patienten keine Hoffnung. Die Schädeldecke sei schwer verletzt, länger als bis übermorgen würde der Patient keinesfalls leben. Sie, die Ärzte, könnten hier nicht mehr helfen, der Patient würde aus seiner Bewusstlosigkeit nicht mehr erwachen.

Metellus war entsetzt. Nicht nur, dass es sich um seinen besten Mann handelte, er hatte zu Robustus ein Verhältnis gefunden, das weit ab von Kommandant und Untergebenem lag. Dazu kam, dass die Präsenz bei der Einweihung der Synagoge nicht unbedingt zu den Aufgaben römischer Soldaten gehörte, sodass Schwierigkeiten zu erwarten waren, wenn man den Ursachen für den Tod Robustus' nachging. Die Verzweiflung stand Metellus ins Gesicht geschrieben, als sich von den Ärzten einer nach dem anderen achselzuckend verabschiedete. Hilflos zusehen zu müssen, wie sein Freund immer mehr verfiel und dem Tod näher kam, ging über seine Kräfte und er konnte die Tränen nicht mehr zurückhalten. In dieser Stimmung hörte er plötzlich eine weibliche Stimme von hinten: „Ihm kann nur mehr einer helfen!" Metellus fuhr herum, die Stimme gehörte einer kleinen Frau, die offenbar Krankendienst versah. „Wen meinst Du, bitte sage es mir, rasch!" „Jesus von Nazareth" war die Antwort. Da war der Name wieder: Jesus von Nazareth. Celerus hatte schon von ihm erzählt, dass dieser Mann Wasser in Wein verwandelt habe, der alte Zacharias hatte von Krankenheilungen und sogar von einer Totenerweckung berichtet und jetzt ein neuerlicher Hinweis. „Wieso weißt Du, dass dieser Jesus von Nazareth helfen könnte?" „Meine Eltern sind gestern Abend aus Chorazin zurückgekehrt. Sie haben dort selbst gesehen, wie Jesus einen Schwerkranken geheilt hat." „Wo ist dieser Jesus von Nazareth jetzt, wo kann ich ihn finden?" „Wo er jetzt ist, kann ich Dir nicht sagen, gestern Mittag war er noch in Chorazin, geh dorthin, dort wird man Dir wahrscheinlich sagen können, wohin er gezogen ist." Metellus lief, so schnell er konnte, zur Schenke, wo er das Pferd eingestellt hatte, mit dem er vom Lager nach Kapharnaum geritten war, ließ sich eilends beschreiben, wie er nach Chorazin käme und ritt im Galopp los. Immer wieder trieb er sein Pferd an, sodass er diesen Ort bald erreichte. Dort war die am Vortag stattgefundene Krankenheilung das Tagesgespräch und man gab Metellus bereitwillig Auskunft: Jesus sei in Richtung Sonnenuntergang weitergezogen. Metellus galoppierte die Straße in der angegebenen Richtung entlang, traf im nächsten Dorf auf eine große Menschengruppe, sprang vom Pferd und auf die Frage, ob man wisse, wo Jesus von Nazareth sei, zeigte man auf einen Mann inmitten der Gruppe mit den Worten: „Das ist er". Metellus wollte zu ihm, aber der Mann war umringt von seinen Gefährten, ein Durchkommen zu ihm ohne Gewalt schien Metellus unmöglich. Erst als einer der Leute rief: „Seht, das ist doch der Römer, der Zacharias das viele Geld für den Synagogenbau gegeben hat!", gelang es ihm, zu Jesus vorzudringen. Metellus achtete nicht auf das Äußere des Mannes, vor dem er nun stand und hätte man ihn später darüber befragt, so hätte er es nicht beschreiben können. Er sah nur die Augen seines Gegenübers, die eine unendliche Güte ausstrahlten, sodass dieser es nicht hätte zu sagen brauchen: „Was willst Du, dass ich Dir tue?", die Augen brachten es deutlicher zum Ausdruck, als ein Mund es je hätte sagen können. Das gab Metellus Mut und so brachte er hervor: „Herr, Du vermagst alles zu tun, und so bitte ich Dich nicht für mich, sondern für meinen Soldaten. Er wurde durch einen Steinwurf schwer verletzt, als er gerade die Einweihung der Synagoge verfolgte. Ich bitte Dich, hilf ihm!" Metellus hatte nicht darauf geachtet, dass er sein Gegenüber auf Griechisch angesprochen hatte, wie er es gewohnt war im Umgang mit hochgestellten Persönlichkeiten. Doch ohne zu zögern, antwortete Jesus in derselben Sprache: „Lasst uns zu ihm gehen." Bis Kapharnaum war es aber für einen Fußmarsch eine beträchtliche Strecke, der Weg war teilweise beschwerlich und es war schon spät am Nachmittag, sodass man wahrscheinlich in der Nacht hätte gehen müssen. Metelllus bedachte das und sagte voll Vertrauen zu Jesus: „Siehe, Herr, wenn ich einem meiner Soldaten sage, gehe dorthin und mache das und jenes, so tut er es. Um wie viel mehr steht es in Deiner unendlichen Macht, nur zu sagen, dass mein Soldat gesund werden soll? Hinzugehen brauchst Du doch nicht!" Jesus sah Metellus erstaunt an und mit den Worten an die Dabeistehenden: „So ein großes Vertrauen habe ich hier selten gefunden!" wandte er sich an Metellus: „Geh, Dir geschehe, wie Du geglaubt hast!" Metellus dankte, stieg auf sein Pferd und ritt zurück nach Kapharnaum, voller Zuversicht. Dort angekommen, war im Spital große Aufregung. Ein Wunder hätte sich vollzogen: Robustus wäre plötzlich völlig geheilt aufgestanden und hätte etwas zu essen verlangt. Auf die Frage, wann das geschehen sei, sagte man Metellus die Stunde. Es war genau der Zeitpunkt, an dem er Jesus um Hilfe gebeten hatte.

XV

Am nächsten Tag erzählte Metellus Celerus und einigen anderen, wie es zur Heilung gekommen war, die mittlerweile das Tagesgespräch im Lager war. Die meisten sahen diese Heilung als Wunder an, nur ein paar Skeptiker zweifelten an der Schwere der Verletzung, obwohl der Lagerarzt immer wieder bestätigte: „Normalerweise stirbt einer, der so verletzt ist, in wenigen Stunden!" Nur einer kannte sich nicht recht aus: Robustus selbst, er konnte sich an nichts erinnern und verstand nicht, welche Aufregung es um ihn gab. Erst als ihm Metellus den Ablauf der Geschehnisse genau berichtet und geschworen hatte, dass alles wahr sei, was er erzählte, begriff Robustus langsam, was an ihm geschehen war und er bat Metellus um die Erlaubnis, sich bei dem, der ihn geheilt hatte, bedanken zu dürfen. Metellus gab sein Einverständnis sofort, er hatte ohnedies vorgehabt, Robustus zu diesem Dank zu bewegen, hätte dieser nicht selbst den Entschluss gefasst. Metellus informierte Robustus, wo er Jesus getroffen hatte, weit entfernt von diesem Ort konnte Jesus also nicht sein. Robustus sattelte sein Pferd, zu seiner Freude begleiteten ihn, mit Erlaubnis von Metellus, Celerus und fünf andere, einige von ihnen aus purer Neugierde, was das für ein Mensch sei, der, ohne den Kranken überhaupt gesehen zu haben, heilen konnte, auf solche Entfernung noch dazu, und darüber hinaus einen Verletzten, der von den Ärzten schon aufgegeben war.

Im Dorf, wo Metellus Jesus getroffen hatte, sagte man ihnen, Jesus sei in Richtung Norden weiter gezogen. Sie ritten dorthin, im nächsten Ort fanden sie Jesus nicht, aber ein Mann berichtete, er sei gerade vom westlichen Nachbarort gekommen, Jesus sei dort bereits im Aufbruch nach hier, er müsse also in Kürze eintreffen. Also ritten Robustus und seine Begleiter zum Ortseingang und warteten. Auch ein anderer wartete dort, aber auf Kundschaft, ein Händler, der köstliche Delikatessen anbot. Es waren gebackene Fladen aus süßem Teig, bestrichen mit Honig und dicht belegt mit getrockneten Früchten. Kaum hatte Robustus das gesehen, war er schon bei dem Händler und fragte, was so ein großer Fladen koste. „Einen Denar" war die Antwort. Das war ein unverschämt hoher Preis, denn ein Denar war der Tageslohn eines Arbeiters. Robustus war sofort bereit, für die sieben Fladen, die der Händler noch anzubieten hatte, sieben Denare zu zahlen, aber Celerus sprang rasch dazwischen und begann mit dem Händler zu feilschen mit der Begründung, für den Kauf von sieben Stück sei ein besserer Stückpreis nicht nur gerechtfertigt, sondern auch üblich. Schließlich einigte man sich auf vier Denare. Robustus zahlte, nahm die Köstlichkeiten glückstrahlend in Empfang und begann gerade einen Fladen zu verspeisen, als sie bemerkten, dass eine große Menschenschar die Straße herauf kam. Es war Jesus mit seiner Begleitung. Robustus lief ihnen entgegen, vor Aufregung vergaß er, weiter in seinen Fladen zu beißen. Mit sechs Fladen in der einen Hand, den angebrochenen Siebenten in der anderen, bot er, als er die ersten der Menschengruppe erreichte, einen komischen Anblick, sodass die Leute nicht recht wussten, was sie von ihm halten sollten. Auch Jesus lächelte, als er Robustus erblickte, aber dieses Lächeln gab dem Römer Mut. Er trat, etwas zögernd, auf Jesus zu, stotterte einen Dank für die Heilung und streckte Jesus beide Hände mit den Fladen entgegen mit den Worten: „Bitte nimm dies, ich habe nicht mehr davon." Jesus nahm lächelnd die angebotenen Fladen, auch den Angebrochenen, dankte, blickte kurz zum Himmel und begann die Fladen auszuteilen. Jeder aus der Menge, die mit ihm gekommen war, bekam ein Stück, auch Robustus und seine Begleiter. Als die ins Gespräch mit Leuten aus der Gruppe um Jesus kamen, wusste bald jeder, was mit Robustus geschehen und weshalb er gekommen war.

Als Robustus und seine Begleiter sich von Jesus trennten und zurück ritten, hielt Celerus plötzlich sein Pferd an und fragte Robustus: „Sag', wie viele Fladen hast Du Jesus gegeben?" „Alle sieben" antwortete Robustus, „aber von einem hatte ich schon ein Stück gegessen". „Und wie groß war das Stück, das Jesus Dir gab?" „Ungefähr so groß, wie das, welches ich bereits gegessen hatte, etwa ein Drittel!" „Und wie groß war Dein Stück?" richtete Celerus an einen der Begleiter die gleiche Frage. „Auch etwa so groß, wie jenes von Robustus", antwortete dieser und ungefragt fügte ein anderer hinzu: „Auch meines war so groß." „Und wie viele Leute waren bei diesem Jesus?" wollte Celerus nun wissen. Robustus schätzte die Menge auf 80 Mann, die anderen auf zwischen 80 und 100. Celerus begann zu rechnen, aber so gut er laufen konnte, Rechnen war nicht seine Stärke. So nahm er beide Hände zu Hilfe, ließ sieben Finger in die Höhe stehen und begann zu zählen, wobei er bei je drei Zahlen einen Finger abbog. Beim letzten Finger war er bei 21 angelangt. „Aber es waren doch mit uns zumindest 85 Leute" murmelte er. Plötzlich wendete er sich zu Robustus und sah ihn mit offenem Mund an, sein Blick sagte mehr als tausend Worte aus. Er brauchte auch nichts zu sagen, Robustus und die anderen verstanden ihn auch so.

XVI

Metellus überlegte immer wieder, wie man das Lager im Falle eines Angriffes mit Aussicht auf Erfolg verteidigen könne. Die Mauer war so niedrig und schwach, dass sie keinen verlässlichen Schutz bot. Nach einigem Nachdenken hatte Metellus eine Idee: Könnte man nicht einen Truppenteil in den Rücken des Feindes bringen, sodass dieser von zwei Seiten bekämpft würde? Metellus war auf diesen Gedanken gekommen, weil er sich vor Augen geführt hatte, wie es bei wichtigen Schlachten der nahen Vergangenheit zugegangen war. Dabei war ihm Cannae eingefallen, wo die Römer eine schwere Niederlage gegen die Truppen Hannibals erlitten hatten. Ein wesentlicher Grund dafür lag darin, dass die Römer auf eine List

Hannibals hereingefallen waren: Hannibal tat so, als zöge er vor den nachrückenden Römern davon, ließ aber seine Reiterei, von den Römern unbemerkt, auf einem abseits gelegenen Hügel zurück. Als die Römer vorbei waren, griff diese Reiterei die Römer von hinten an, zugleich wendete sich Hannibals Hauptmacht von vorne gegen die Römer. Von beiden Seiten umfassend angegriffen, herrschte bald im römischen Heer Chaos mit den traurigen Folgen.

Cannae – wie konnte er, Metellus, Hannibals Taktik hier nachmachen? Es bot sich an, die Reiterei über den bekannten steinigen Weg vom Lager auf den Aussichtsplatz zu schicken, von dem Metellus so gerne auf den See sah, und von dort auf ein gegebenes Zeichen angreifen zu lassen. Aber wie bekam er die Reiterei auf diesen Hügel hinauf, ohne dass das vom Feind bemerkt würde, das Lager würde ja vor einem Angriff sicher unter Beobachtung stehen. Metellus erkundete mit einigen anderen, ob von der nach Osten führenden Straße her ein Aufstieg zum Aussichtsplatz unter Umgehung des Lagers möglich war. Alle waren einer Meinung, das wäre schon für Menschen nicht möglich und erst recht nicht für Pferde: viel zu steil und zu dicht bewachsen wäre der Hang. Ob es von der anderen Seite ging? Metellus stieg zu seinem Lieblingsplatz hinauf und sah sich den nach Norden gerichteten felsigen Abhang an: er war nicht ganz so steil wie die Südseite und nicht so dicht bewachsen, aber Metellus fand auch hier keinen Weg hinunter zur Straße, die entlang des Sees verlief. Da fiel ihm ein, dass diese Gegend ja das Weideland für die Tiere des Hirten war, der würde sich sicher hier auskennen und wüsste vielleicht einen Weg.

So machte sich Metellus mit Iunius, dem Dolmetscher, am späten Nachmittag auf, den Hirten zu besuchen. Sie hofften, den Hirten am Abend in seiner Hütte zu treffen, tagsüber würde er ja sicher bei seinen Schafen auf der Weide sein. Sie nahmen Brot, ein Huhn, einen Krug Wein und eine Axt als Gastgeschenke, sowie einige Fackeln mit und Metellus hatte ein Goldstück eingesteckt. Wie erhofft, trafen sie den Hirten in der Nähe seiner Hütte, Metellus wurde freudig begrüßt und dann wurden die beiden natürlich gleich in die Hütte gezogen, wo es überraschend kühl und auch nicht so finster war wie das letzte Mal. Metellus' Begleiter kam mit der Sprache des Hirten ganz gut zurecht und so konnte Metellus sogar die üblichen Höflichkeitsformeln, die Frage nach dem Wohlbefinden des Hirten und der Familie, vorbringen. Dabei erfuhr Metellus, dass der Hirte das fünfte Kind seiner Eltern war, die beide leider schon tot wären, auch der Vater wäre hier Hirte gewesen. Die anderen Kinder, insgesamt acht, seien von hier fortgezogen, ein Bruder lebe in Kapharnaum als Taglöhner, von den anderen Geschwistern wisse er nichts. In einer kleinen Pause erkundigte sich Metellus, dem diese Familiengeschichten nichts sagten, nach den Schafen. Das hätte er besser nicht tun sollen, denn er kam nun gleichsam vom Regen in die Traufe: Von jedem der zahlreichen Schafe wusste der Hirte etwas zu erzählen und vor allem sei vorgestern ein Junges geboren worden, Metellus müsse es sehen. Also wurden Metellus und sein Begleiter genötigt, in den Schafstall zu gehen, um dort, notdürftig von einer Fackel beleuchtet, das Mutterschaf mit seinem Neugeborenen gebührend zu bewundern. Nach gut einer Stunde bot sich für Metellus endlich die Gelegenheit, sein Anliegen vorzubringen. Der Hirte verstand nicht: Wo wolle Metellus hinauf und wozu mit Pferden, hier könne man doch nicht reiten. Metellus führte ihn im Schein der Fackeln zu seinem Lieblingsplatz und deutete auf den Abhang: Er suche einen Weg von der Straße dort unten hier herauf, aber der Weg müsse für Pferde gangbar sein. „Aber warum führst Du die Pferde nicht vom Lager herauf, den Weg, den wir gerade gegangen sind?" fragte der Hirte verständnislos. Metellus erkannte, dass er nicht umhin kam, den Hirten in seinen Plan einzuweihen: „Siehe, Freund" bat er den Dolmetscher dem Hirten zu erklären, „es geht um folgendes: Hier stehst Du unter dem Schutz des Kaisers, dem dieses Gebiet jetzt gehört. Solange das so ist, wird Dir nichts geschehen und Deine Schafe werden Dir bleiben. Wir wissen aber, dass da drüben", und Metellus deutete nach Osten, „böse Leute sind, die Lust verspüren, diese Gegend bis zum See zu besitzen, seine Fische möchten sie haben. Und wenn sie einmal hier sind, werden sie Dir Deine Schafe wegnehmen. Wir haben Nachrichten, dass sie bald mit ihren Waffen kommen werden. Dann müssen wir uns und Dich verteidigen. Wenn wir unsere Reiterei hier herauf bringen können, ohne dass sie es merken, können wir sie besiegen. Verstehst Du also, warum wir einen Aufstieg von der Straße herauf suchen, den sie vom Weg, über den sie gekommen sind, nicht sehen können? Wir brauchen Deine Hilfe dazu, denn Du kennst die Gegend hier wie kein anderer. Suche also diesen Aufstieg, ich will es Dir lohnen. Sieh her, ich gebe Dir als Anzahlung ein Goldstück, wenn Du den Weg gefunden und mir gezeigt hast, bekommst Du noch eines." Als Metellus merkte, dass Iunius mit seiner Übersetzung fertig war, fasste er nach der rechten Hand des Hirten, drehte die Handfläche nach oben und ließ das Goldstück hineinfallen. Ungläubig starrte der Hirte auf die Münze, noch nie hatte er eine solche in seiner Hand gehabt, aber ihr Gewicht sagte ihm, was er nun besaß. „Freund", brachte er nach einiger Zeit hervor, „ich verspreche Dir, ich will alles tun, um Deinen Wunsch zu erfüllen. Ich werde zum Lager kommen und Dir Bescheid geben, sobald ich den gewünschten Aufstieg gefunden habe."

In den nächsten Tagen wartete Metellus ungeduldig auf diese Nachricht. Er hatte den Wachen die strenge Weisung gegeben, ihn – wann immer – sofort zu holen, sobald sich jemand beim Lager zeige, dessen Beschreibung auf den Hirten passe. Aber Tag auf Tag verging, ohne dass die ersehnte Botschaft kam. Dann – endlich – nach fast zwei Wochen, ließ man ihn holen. Es war wirklich der Hirte, der nach ihm verlangte und sagte, er hätte etwas gefunden, aber er sei sich nicht sicher, ob der aufgefundene Aufstieg geeignet sei. Metellus ließ sich sofort zeigen, was der Hirte wusste. Der führte Metellus hinab zur Straße, ging mit ihm an der Felsnase, die das Lager trug, vorbei und bog nach einiger Zeit nach rechts ab. Zwischen Felsen und Büschen ging es zunächst fast eben nach Osten, bis sich hinter zwei verkrüppelten Bäumen an der Flanke der Felsnase ein Aufstieg bot, der nach Art eines schmalen Steiges von Absätzen des Abhanges gebildet war. Dieser Weg, den man von der Straße nicht mehr sehen konnte, führte in Serpentinen immer höher hinauf, zwischen Büschen und Felsen hindurch. Er hätte hier einiges an Steinen und Hölzern weghauen müssen, berichtete der Hirte stolz. Dann war aber plötzlich Halt: Eine überhängende Felsnase versperrte den weiteren Aufstieg. Das hätte er nicht mehr entfernen können, klagte der Hirte, aber auf der anderen Seite gehe es weiter bis oben, Metellus werde es gleich sehen.

Sie stiegen wieder hinab, gingen auf der Straße zurück bis zur Rampe, die zum Lager führte, dann am Lager vorbei hinauf bis zu Metellus' Lieblingsplatz. Von dort führte der Hirte sie noch etliche Steinwurfweiten hinauf bis zu einer Stelle, an welcher er durch Buschwerk eine Schneise geschlagen hatte, durch die man zu einem Abstieg gelangte, der – ebenfalls in Schlangenlinien – bis fast zu der Stelle führte, an der sie vorhin umgekehrt waren. Eine Schlucht versperrte den weiteren Weg, nicht breiter als eine Mannshöhe, aber mit sehr steilen Wänden. Sie zu umgehen war nicht möglich. „Siehst Du", ließ sich der Hirte etwas kleinlaut vernehmen, „bis hierher habe ich es gefunden und mit dem Beil, das Du mir geschenkt hast, so weit frei gemacht, dass auch Pferde gehen können. Hier aber", und er wies auf die Schlucht, „müssten Deine Leute eine Brücke schlagen und drüben den großen Felsen abhauen. Etwas besseres konnte ich nicht finden, aber ich habe mich sehr bemüht!" Metellus war glücklich: der Felsen ließ sich sicher irgendwie wegbringen und für die Brücke hatte er gut geschulte Zimmerer. Als er den Hirten mit Dank umarmte und ihm das versprochene Goldstück in die Hand drückte, wollte ihm dieser zu Füßen fallen, aber Metellus ließ es nicht zu.

Zwei Tage später war die Brücke gezimmert und über der Schlucht montiert, sowie der Felsen abgehauen. Metellus machte mit ein paar Soldaten und zwei Pferden einen Begehungstest: Mit ein wenig Zureden und einigen Leckerbissen ließen sich die Pferde hinauflocken.

Metellus hatte nun eine Sorge weniger, aber es blieb immer noch die Achillesferse des Lagers, die Mauer.

XVII

Bei einem seiner Besuche wurde Metellus von Zacharias gefragt, warum er, Metellus, ein so sorgenvolles Gesicht mache, was sei denn der Grund dafür? Die Frage kam für Metellus überraschend, denn nie hatte er Zacharias gegenüber das Problem der Mauer erwähnt und er war auch stets bemüht gewesen, sich nichts anmerken zu lassen. Aber der feinfühlige Zacharias hatte doch bemerkt, dass da etwas bei dem Römer nicht in Ordnung war. Metellus zögerte einige Zeit mit der Antwort, aber dann wurde ihm bewusst, dass Zacharias, als dieser ein Problem hatte, nämlich den Synagogenbau, es offen und vertrauensvoll mit Metellus besprochen hatte. So entschied er bei sich, seine Sorge Zacharias mitzuteilen, vielleicht könne ihm dieser einen guten Rat geben. „Siehe, Zacharias", begann Metellus, „ich habe hier die Aufgabe, die Grenze des Reiches meines Kaisers gegen Osten hin zu verteidigen. Ein wichtiger Posten dafür ist das Lager, das auf der Ostseite des Sees liegt, Du kennst es doch?" „Ich weiß, wo es ist, aber ich war nie oben", antwortete Zacharias sogleich. „Das Lager liegt durch steile Wände gegen Norden, Westen und Süden gut geschützt, aber gegen Osten ist das Gelände flach, den einzigen Schutz bildet eine Mauer. Sie ist schwach und nicht genügend hoch, um im Falle eines Angriffes Aussicht auf erfolgreiche Verteidigung zu bieten. Verstärken oder erhöhen kann man sie aus baulichen Gründen nicht, eine zweite Mauer davor würde die Situation auch nicht verbessern. Was soll ich nun tun, kannst Du mir einen Rat geben? Vermutlich wäre es auch Dir nicht angenehm, wenn plötzlich die da drüben" und Metellus deutete gegen Osten, „das östliche Seeufer besetzen und Deinen Leuten die Fische wegfangen."

Zacharias wiegte den Kopf hin und her und schwieg lange. „Ich verstehe Dein Problem, Metellus", sagte er dann langsam, „aber eines ist mit klar: Es liegt auf einem Gebiet, von dem ich nichts verstehe. Dennoch werde ich mich bemühen, Dir zu helfen. Ich werde nachdenken. Wenn mir etwas einfällt, von dem ich meine, dass es Dir nützen kann, werde ich es

Dich wissen lassen." Und als hätte er Metellus' nächste Bitte vorausgeahnt, fügte er hinzu: „Selbstverständlich bleibt diese Sache unter uns."

Es vergingen mehrere Wochen, ohne dass von Zacharias eine Information über das besprochene Problem kam und Metellus vermied es, in den Gesprächsstunden die Sache anzusprechen.

Eines Tages hatte Metellus wieder in Kapharnaum zu tun, um mit Lucius etwas zu besprechen. Das zog sich bis in die Mittagszeit hin und als er am Nachmittag ins Lager zurückkam, fand er die vor kurzem eingelangte Nachricht vor, Zacharias hätte einen Anfall erlitten, die Ärzte sagten, sein Zustand sei sehr bedenklich, man müsse wahrscheinlich mit dem Schlimmsten rechnen. Wenn er, Metellus, Zacharias noch einmal sehen wolle, so solle er gleich kommen. Metellus ritt eilends nach Kapharnaum zurück und kam gerade noch zurecht, um die letzte Stunde des Greises zu erleben. Als Metellus an dessen Liegestatt trat und die Hand Zacharias' ergriff, schlug dieser noch einmal die Augen auf und hob ein wenig den Kopf. Metellus schien es, als würde Zacharias ihn erkennen, aber dann sank der Greis zurück und mit einem letzten Seufzer erlosch sein Leben. Schweigend blickten sich die Umstehenden an, einige Frauen brachen in Schluchzen aus, andere stimmten Klagegesänge an. Ein Diener deutete Metellus, er solle in ein Nebengemach kommen, dort gab ihm der Diener einen großen Nussknacker mit den Worten: „Mein Herr hat mir kurz vor seinem Tod aufgetragen, Dir das zu geben. Du sollst es Dir zum Vorbild nehmen." Metellus ging zum Toten zurück und wurde dort von einem Mann angesprochen, der soeben eingetroffen war, ob er, Metellus, noch mit Zacharias habe sprechen können. „Nein, sprechen mit ihm konnte ich nicht mehr, aber ich glaube, er hat mich noch erkannt." „Nun, da geht es Dir besser als mir, ich komme heute überall zu spät, jetzt hier und heute Vormittag drüben." Und damit deutete der andere nach Osten. „Wieso im Osten?" fragte Metellus mehr aus Höflichkeit als aus wahrem Interesse. „Drüben waren nur die Weiber anzutreffen, mit denen kann man keine Geschäfte machen, die wissen von nichts. Alle Männer waren weg, angeblich zu einer Versammlung." Im Nu war Metellus hellwach: Alle Männer weg, aus irgendeinem vorgegebenen nichtigen Anlass, das war dieselbe Situation wie seinerzeit in Germanien. Metellus verabschiedete sich unter einem Vorwand, er hatte es plötzlich eilig.

XVIII

Metellus wusste, dass jetzt keine Zeit zu verlieren war. Er bestieg sein Pferd, galoppierte zu Lucius und bat ihn dringend um Hilfe: Er, Metellus, hätte verlässliche Informationen, die darauf schließen ließen, dass ein Angriff von Osten auf das Lager bald zu erwarten sei. Lucius gab ihm drei Reiter und sieben Mann mit, mehr könne er derzeit nicht entbehren. Das war besser als nichts, aber viel zu wenig, um Aussicht auf eine erfolgreiche Verteidigung des Lagers zu haben.

Im Lager informierte er die gesamte Mannschaft über die nahe Gefahr, trug aber allen streng auf, niemandem zu sagen, dass man vom bevorstehenden Angriff wisse.

Offen war aber immer noch das Problem mit der Mauer, bei einem Angriff einer zahlenmäßig gewaltigen Übermacht, wie es zu erwarten war, bot sie keinesfalls Schutz. Was also tun? Wer konnte ihm, Metellus, helfen? Lucius hatte getan, was er konnte, sonst gab es niemanden, denn auch Zacharias war nun tot. Metellus wurde es klar: Er musste sich selbst helfen. Ihm wurde heiß, denn viel Zeit hatte er nicht mehr. Konnte ihm eine Sache helfen? Da war doch dieser Nussknacker, den ihm Zacharias geschenkt hatte, und von dem er ihm hatte sagen lassen, er solle sich ihn zum Vorbild nehmen. Aber Metellus wusste mit diesem Gerät nichts anzufangen. So vergingen zwei Tage, in denen Metellus keine Ruhe fand, oft wälzte er sich schlaflos auf seinem Lager hin und her.

Um zu klaren Gedanken zu kommen, stieg er am nächsten Nachmittag zu seinem geliebten Aussichtspunkt hinauf, den Nussknacker nahm er mit. Wie gewohnt, streckte er sich in der Bodenmulde aus, gerade so, dass die darüber hängenden

Zweige des Feigenbaumes die Sonne abdeckten und er auf den spiegelnden See blicken konnte.

Als er einige Zeit so gelegen war, schreckte er plötzlich durch einen Schmerz an seiner linken Hand auf. Der große Nussknacker, den er am einen Schenkel in gestreckter Lage gehalten hatte, war zusammengeklappt und der zweite Schenkel hatte ihn auf die Hand geschlagen. Ohne auf den Schmerz zu achten, stieß Metellus einen Jubelruf aus: Das war die Idee für die Mauer: Ein Gerüst, das man beim Angriff zusammenfallen lassen konnte, das müsste viele Gegner unter sich begraben und in der Folge ein zusätzliches Bollwerk bilden.

Metellus eilte ins Lager zurück, rief jene seiner Leute, die von der Zimmerei etwas verstanden, zu sich und trug ihnen die Idee vor: Alle waren sich einig, das ließe sich machen, es wäre gar nicht kompliziert und auch rasch herzustellen, man bräuchte nur das nötige Material zu beschaffen: hölzerne Pfosten in verschiedenen Dimensionen und für die Gelenke eiserne Stangen. Metellus ließ sie das sofort in Kapharnaum besorgen.

Zwei Tage später stand das Gerüst. Vier Pfostenpaare in doppelter Mannshöhe waren im Boden und an der Innenseite der Mauer verankert, mit dem oberen Ende jedes Paares war das untere Ende eines Balkens mittels einer Eisenstange gelenkig verbunden. Diese vier Balken wurden durch vom Innenraum des Lagers ausgehende Seile in vertikaler Stellung gehalten. Oben und in der Mitte waren sie durch mehrere horizontale Balken miteinander verbunden, die obersten dieser horizontalen Balken trugen nach außen gerichtete zugespitzte Stangen, diese sicherten nach Lösen der Halteseile die gewünschte Fallrichtung des Gerüstes. Das Ganze sah aus wie ein riesiger aufrecht stehender Rechen, man konnte es aber auch als Baugerüst für eine Mauervergrößerung ansehen, wenn man die Gelenke nicht beachtete. Da Metellus mit Spionen rechnete, welche die Gelenkverbindung vielleicht hätten bemerken können, ließ er oberhalb jeder Gelenkstange weitere Stangenstummel befestigen, die eine Attrappe einer starren Befestigung der nach oben ragenden Balken bildeten. Zur weiteren Täuschung ließ Metellus auf die zugespitzten Stangen Tücher legen, die über die Spitzen nach unten hingen, diese somit verdeckten und den Eindruck von Schatten bringenden Sonnensegeln machten. Weiters ließ Metellus im Bereich der Mauer Baumaterial aufstapeln.

Etwas beruhigter sah der Centurio nun der weiteren Entwicklung entgegen, mehr konnte er im Moment nicht tun.

Schon am nächsten Tag kam ein eigenartiger Besuch: Am frühen Vormittag erschienen zwei Männer, die sich als Händler ausgaben und Schnitzereien, Flechtwerk und seltene Steine anboten. Metellus war dieser Besuch nicht geheuer, denn üblicherweise kamen Händler erst am späten Nachmittag vorbei. Aber um keinen Verdacht zu erwecken, ließ Metellus sie in den Vorhof des Lagers eintreten und bemerkte bald, dass sie sich sehr für das Gerüst und das Baumaterial interessierten. Sein Verdacht wurde bekräftigt, als ihm der zur Begutachtung der Steine beigezogene Soldat zuraunte, dass der angebliche Händler offensichtlich von seinen Steinen keine Ahnung hatte. Metellus kaufte etwas und die beiden zogen ab. Metellus beobachtete, dass sie nach Osten zurück ritten und nicht nach Kapharnaum, wie das echte Händler aus dem Osten üblicherweise bisher getan hatten.

Einen Tag darauf ritten unten auf der Straße drei Mann vorbei, die von Osten kamen und nach Kapharnaum einbogen, aber kurz hinter der Felsnase, die das Lager trug, anhielten, ein Zelt aufschlugen und so taten, als ob sie Straßenhändler wären. Metellus war klar: das waren Kundschafter, die melden sollten, falls von Kapharnaum Verstärkung für das Lager käme. Das war für Metellus der Zeitpunkt, zu einer List zu greifen: Er ließ die gesamte Reitermannschaft so tun, als ob sie nach Kapharnaum zögen. Als sie an den Händlern vorbeikamen, kauften sie ein paar Kleinigkeiten und knüpften ein Gespräch an, bei dem sie vorgaben, die Pferde nach Kapharnaum zum Beschlagen zu bringen. Zwei Tage würde das dauern, dann würden sie zurückkehren, ließen sie wissen. Dann taten sie so, als ob sie nach Kapharnaum reiten würden, sobald sie aber außer Sichtweite der Händler waren, bogen sie nach rechts in Richtung des Aufstieges zum Warteplatz ab. Vom Lager war zu beobachten, dass einer der drei Händler sich auf sein Pferd schwang und eilends nach Osten zurück ritt. Damit war es für Metellus klar: Der Angriff war für die nächsten zwei Tage zu erwarten.

Nach einigen Stunden kam von der Gegend des Aussichtspunktes die Nachricht, dass die Reiterei die Warteposition erreicht hatte. Metellus hatte einigen von ihnen den Auftrag gegeben, vom Warteplatz, an Seilen gesichert, die südseitige steile Wand zur Straße hinunter zu steigen, gerade so weit, dass sie die von Osten herführende Straße beobachten könnten. Sobald sie bemerkten, dass die Feinde anrückten, sollten sie zur Warteposition zurückkehren und das Lager durch Rauchzeichen oder Feuer informieren, wie viele Gegner zu erwarten waren. Dann sollte die gesamte Reiterei sich so weit nähern, dass sie auf ein vom Lager durch Aufziehen einer roten Fahne gegebenes Zeichen kurzfristig in den Kampf eingreifen könnten. Metellus hatte ihnen eingeschärft: Selbst das Lager sehen können, ohne vom Gegner bemerkt zu werden, das war das Wichtigste.

Dann fiel Metellus noch eine Maßnahme ein, die seine Situation verbessern konnte: Er erinnerte sich, was der Lagerkommandant in Germanien angeordnet hatte, um den gegnerischen Angriff ins Stocken zu bringen: Auslegung von Dornenschlingen. Eilends befahl Metellus, sie anzufertigen, Dornenhecken gab es in der Nähe genug. In einigem Abstand vor der Mauer wurden mit Schlingen versehene Dornenbänder quer zur zu erwartenden Angriffsrichtung verlegt und an den Enden mit Zugseilen so verbunden, dass, wenn man vom Lager aus daran zog, die Dornenbänder mit den Schlingen angehoben und dadurch wirksamer wurden. Um sie zu tarnen, ließ Metellus die am Boden liegenden Dornenbänder mit einer Staubschicht abdecken. Von allen diesen Maßnahmen wurde die Reiterei informiert, zusammen mit der Weisung, nicht zu nahe an die Mauer heran zu reiten, um nicht in die eigenen Fallen zu geraten.

Schließlich ließ Metellus noch seitlich der beiden Mauerenden Fallbrücken errichten, über die man unter Umgehung der Mauer und des Fallgerüstes einen Ausfall machen konnte. Durch das in der Mauer vorhandene Tor war ein Ausfall nach Abstürzen des Gerüstes nicht mehr möglich, dieses Tor würde ja durch das Fallgerüst blockiert werden.

Was nun kam, war gespanntes Warten.

XIX

Früh am Morgen, knapp nach Sonnenaufgang, kam das Signal vom Berg: Einmal, zweimal, dreimal. Das bedeutete über dreihundert Angreifer, also eine zumindest vierfache Übermacht. Es würde ein heißer Tag werden und wenn das Fallgerüst nicht den gewünschten Erfolg brächte, dann wäre es wohl für die Lagermannschaft der letzte Tag. Noch einmal wurde alles geprüft: die Seile, die das Gerüst hielten, die schweren Hämmer für das Lösen der Blockierung der Seile, die Fahnenschnur und die rote Fahne für das Signal an die Reiterei, die seitlichen Fallbrücken für den Ausfall der Lagermannschaft, das Seilsystem für die Anhebung der Dornenschlingen und letztlich die eigenen Waffen. Währenddessen kam das vereinbarte Signal der Reiterei: sie verließen gerade den Warteplatz, um die Angriffsposition zu erreichen.

Metellus ließ Extraportionen beim Frühstück austeilen, mit leerem Magen kämpft es sich schlecht, erklärte er. Robustus dankte es ihm mit einem freundlichen Lächeln, der Riese schien das Kommende mit völligem Gleichmut zu erwarten, ebenso die meisten der Stammmannschaft des Lagers. Nur von den sieben Mann, die Lucius aus Kapharnaum geschickt hatte, klapperten zwei gerade noch nicht mit den Zähnen.

Etwa eine Stunde später griffen sie an. Allen voran etwa zwanzig Schleuderer zu Pferd, dahinter mit Geschrei die riesige Zahl der anderen Feinde. Für Metellus kam es auf die Sekunde an, das Zeichen für jene seiner Leute zu geben, welche die Zugseile für die Dornenschlingen betätigen mussten. Mit zusammengebissenen Zähnen wartete er, bis etwa zwei Drittel der gegnerischen Reiter die erste Dornenstelle passiert hatten, dann gab er das Signal. Zugleich sah er, dass ihm ein unerwarteter Effekt zu Hilfe kam: Die galoppierenden Pferde wirbelten so viel Staub auf, dass man die angehobenen Dornenschlingen nicht mehr sah. Umso größer war ihre Wirkung: Die meisten Pferde blieben mit einem Bein in einer Schlinge hängen und stürzten samt ihren Reitern, von denen standen nur wenige wieder auf. Zudem bildeten die gestürzten Pferde, von denen einige versuchten, wieder auf die Beine zu kommen, ein unerwartetes Hindernis für die gehäuft anstürmenden Feinde. Die dadurch bewirkte Verzögerung gab den Römern mehr Zeit, gegen die Angreifer Pfeile zu schießen und Speere zu werfen, kaum eines dieser Geschoße verfehlte sein Ziel. Die wenigen Reiter, die unbeschadet bis vor die Mauer kamen, betätigten ihre Schleudern, aber die Steine blieben wirkungslos, denn Metellus hatte Anweisung gegeben, sich mit schräg gestellten Schilden hinter der Mauer zu decken. Dadurch wurden die Steine nach oben abgelenkt, sodass sie irgendwo im Gelände des Lagers zu Boden fielen, ohne Schaden anzurichten. Die von der Mauer zurückreitenden Angreifer behinderten die anstürmenden Feinde, auch von diesen stürzten zahlreiche in den Dornenschlingen. Als die ersten Gegner endlich die Mauer erreicht hatten und sich anschickten, mit Hilfe mitgebrachter Leitern die Mauer zu übersteigen, gab Metellus das Zeichen zum Fanfarenstoß. Fast zugleich lösten seine Leute die Verankerungen der Seile, die das Gerüst hielten. Einen bangen Moment schien es Metellus, als würde es sich nicht bewegen, aber dann schwenkte der riesige Rechen im Fallen nach unten nieder und drückte alles, was in seiner Bahn lag, gegen die Mauer. Ein vielstimmiges Schreien ging durch die Reihen der Feinde, jene unter dem Gerüst vor Schmerzen und Verzweiflung, weil sie sich nicht befreien konnten, andere davor vor Überraschung und Wut. Ein paar Beherzte versuchten, das Gerüst anzuheben, um die darunter gefangenen Kameraden zu befreien, aber die dicken Balken waren viel zu schwer und vor allem fiel einer nach dem anderen dieser Feinde den Geschoßen der Römer zum Opfer. Inzwischen war, wie befohlen und geübt, die rote Fahne hochgezogen worden und schon wenige Augenblicke später sah Metellus am ostseitigen Abhang Staubwolken aufsteigen, seine Reiter kamen also zu Hilfe. Metellus wartete noch etwas, um ihnen Zeit zum Näherkommen zu geben, dann gab er das Zeichen zum Ausfall. An beiden Enden der Mauer fielen die Brücken und Robustus und seine Mannschaft auf der einen Seite und Metellus mit den Seinen auf der anderen stürzten sich auf die völlig überraschten Gegner. Unter denen entstand totale Verwirrung, einige stellten sich zum Kampf, andere wandten sich zur Flucht und standen jenen im Wege, die von hinten nachdrängten. So bemerkte von ihnen keiner die römische Reiterei, die kurz darauf von hinten auf die Masse der gegnerischen Krieger traf und alles nieder ritt, was sich ihr entgegenstellte. Das war die Entscheidung: Von drei Seiten angegriffen, trachtete sich jeder der Feinde zu retten, wo es ihm möglich schien. Viele versuchten, zwischen den römischen Reitern zur Aufstiegsrampe zu gelangen, sie wurden eingeholt und niedergemacht, wenn sie sich nicht ergaben. Andere trachteten, über die südseitige Wand des Felsvorsprunges auf die Straße zu entkommen. Die steilen Felsen erlaubten aber kaum ein erfolgreiches Klettern: Oft brachen die Steine aus oder rissen die Sträucher ab, an denen sich die Kletterer anhielten, sodass die meisten ab und in den Tod stürzten. Die wenigen, die heil unten ankamen, liefen direkt einigen Reitern entgegen, die Metellus über die Aufstiegsrampe nach unten gesandt hatte und mussten sich gefangen geben, da sie ihre Waffen längst weggeworfen hatten.

Oben vor der Mauer war der Kampf bald zu Ende, wer sich nicht kampflos ergab und sich auf den Boden legte, hatte keine Chance mehr.

Als sich nichts mehr rührte, hätte Metellus seinen Sieg genießen können, doch dazu blieb keine Zeit. Zunächst war an die eigenen Verwundeten zu denken. Aber außer einigen zumeist nur leicht Verletzten war nicht viel zu versorgen. Einer von ihnen hieß Manipius, er war Metellus schon viel früher durch seine Hässlichkeit aufgefallen: Von seinem kugelrunden Kopf standen die Haare wie Igelstacheln struppig ab und zwei stark abstehende Ohren sahen wie die Henkel eines Topfes aus. Zudem schielte er ein wenig, und seine Zähne im überbreiten Mund waren ziemlich lückenhaft. Offensichtlich wusste er um seine Hässlichkeit und machte sich oft darüber mit der Bemerkung lustig, er sei doch so schön wie niemand anderer. Da er darüber hinaus stets heiter und froh wirkte, hatten ihn alle gern, auch Metellus. Dieser Manipius hatte eine Verletzung an einem seiner abstehenden Ohren erhalten, sodass davon ein Lappen herunterhing. Der Lagerarzt versicherte aber, er könne das behandeln, es würde heilen und Manipius erklärte grinsend, er sei nun noch schöner als zuvor.

Für Metellus und seine Leute gab es nun viel zu tun: Die zahlreichen Gefangenen mussten entwaffnet, gefesselt und in einen versperrbaren Raum des Lagers gebracht werden. Metellus befahl, sie schonend zu behandeln, ihnen Wasser und Essen zukommen zu lassen und die Leichtverwundeten so gut es ging zu versorgen. Schwerer Verwundete kamen in einen eigenen Raum. Zuvor aber ließ er allen Feinden, ob tot oder lebendig, die Taschen leeren. Es kam einiges zusammen, zwei Hände voll Silber- und Kupfermünzen, meist in fremder Währung, aber man konnte diese Geldstücke in Kapharnaum sicher einwechseln. Metellus ließ alles zählen und in die Lagerkasse legen

Als Metellus gerade damit begonnen hatte, kam Lucius mit einer großen Mannschaft seiner Truppe unten auf der Straße geritten, irgendwie musste er Kunde von dem Kampf erhalten haben und eilte nun zu Hilfe. Als man ihm von oben durch Zeichen zu verstehen gab, dass das Lager weiterhin in römischem Besitz war, ritt er die Aufstiegsrampe hinauf und war sichtlich erleichtert, als er erfuhr, wie der Kampf ausgegangen war. Er war voll des Lobes über Metellus' kluge Vorgangsweise, bestaunte ausgiebig das Gerüst und ließ sich genau schildern, wie es aufgebaut war und wie man es bedient hatte. Besonders glücklich war er, dass keiner seiner Leute, die er Metellus als Verstärkung zur Verfügung gestellt hatte, tot oder verletzt war. Schließlich wollte er noch wissen, was Metellus mit den Gefangenen vorhabe. „Ich werde versuchen, sie zu verkaufen" war die Antwort, und „gute Idee" der Kommentar von Lucius. Da die Rede vom Geld war, befürchtete Metellus, Lucius werde sich um die Lagerkasse kümmern, aber der tat nichts dergleichen und kehrte mit seinen Leuten nach Kapharnaum zurück, versprach jedoch beim Abschied, einen ausführlichen und lobenden Bericht nach Caesarea an Pilatus zu schicken.

Metellus' nächste Sorge galt den Pferden. Die seiner Truppe waren alle heil geblieben, aber anders verhielt es sich mit den Tieren der Angreifer. Einige von ihnen hatten beim Sturz Brüche erlitten, Metellus ließ sie töten, das Fleisch konnte für die Kost verwendet werden. Andere Pferde irrten reiterlos umher, sie wurden eingefangen, wieder andere befreite man aus den Dornenschlingen und versorgte ihre zumeist geringen Verletzungen. Alle diese Pferde führte man in die Stallungen des Lagers. Dann gab es noch eine Überraschung: Jene seiner Reiter, die Metellus die Aufstiegsrampe hinab geschickt hatte, um die über die Wand geflüchteten Feinde abzufangen, meldeten ihm, sie hätten in einer kleinen Waldlichtung seitlich der Straße etwa zwanzig Pferde an die Bäume angebunden bemerkt. Offenbar waren einige der Angreifer auf diesen Tieren angeritten gekommen. Metellus ließ auch diese Tiere in die Stallungen bringen, ein gesundes Pferd konnte man gut verkaufen, das brächte einiges in die Lagerkasse.

Das Schwerste kam zuletzt: das niedergestürzte Gerüst musste angehoben werden, um die Eingeschlossenen zu befreien. Das gelang nur schrittweise und mühsam mittels Hebeln. Was man darunter barg, war ein zusammengepresster Haufen von Toten und oft schwer Verwundeten, viele verletzt von den eigenen Waffen, aber auch einige fast unverletzte Krieger. Metellus ließ alle Lebenden zu den übrigen Gefangenen bringen. Die Toten, die man unter dem Gerüst herauszog und jene, die vor diesem lagen, brachte man weit weg vom Lager an den Waldrand und deckte sie dort im Schatten mit Zweigen zu.

Währenddessen machte er sich daran, die Gefangenen zu zählen, schon aus Verpflegungsgründen musste man ja einen Überblick haben. Er zählte 66 im Wesentlichen unverletzte Gefangene und 107 mehr oder weniger schwer Verletzte. Dazu kamen 32 Pferde.

Metellus gönnte nun seiner Mannschaft einige Stunden Ruhe.

XX

Früh am nächsten Morgen schickte Metellus zwei schwer verletzte Gefangene zu den Feinden, jeder angekettet an eine Tafel, auf die Metellus hatte schreiben lassen, dass er bereit sei, die Gefangenen gegen Lösegeld freizugeben. Wenn man das wolle, so möge man mehrere Wagen für die Verletzten vorbeischicken, begleitet von waffenlosen Männern, und man möge auch nicht vergessen, viele Goldmünzen mitzunehmen Schon am nächsten Tag kam eine Schar alter Männer mit einigen Ochsenkarren zum Lager und ließen fragen, ob sie über das Lösegeld für die Gefangenen verhandeln könnten. Metellus ließ sie in den Lagerhof führen und erklärte ihnen, dass jeder Gefangene, ob heil oder verwundet, zwei Goldstücke koste. Von diesem Preis ging Metellus nicht ab, so sehr die alten Männer ihn auch baten und drängten. Lediglich einige schwer Verletzte gab er ihnen kostenlos und schließlich auch die Toten, auch um sie hatten die Männer Metellus inständig gebeten, denn es wäre Brauch in ihrem Lande, die Toten im Kreise der Familie zu bestatten. Als man endlich handelseins wurde, begann die Freigabe der Gefangenen, Mann für Mann kassierte Metellus die zwei Goldstücke. Für die nicht gehfähigen Verwundeten ließ er einige Bahren bereitstellen, und nach einigen Stunden war der Abtransport beendet.

Zufrieden zählte Metellus die erhaltenen Goldstücke. Es waren über dreihundert. Dazu kamen noch die Münzen, die man aus den Taschen der Feinde geholt hatte, weiters das Geld, das man aus dem Verkauf der Pferde erwarten konnte, und schließlich waren auch die erbeuteten Waffen etwas wert. Zusammen ergab das eine Summe, die den Betrag, den er aus der Kasse für den Synagogenbau entnommen hatte, um ein Mehrfaches überstieg. So konnte Metellus einer Inspektion der Lagerkasse durch Lucius einigermaßen beruhigt entgegen sehen, und Pilatus war ja weit weg.

Aber es war noch keine Woche vergangen, da war Pilatus schon da. Lucius musste eilige Boten nach Caesarea geschickt und Pilatus sich umgehend auf den Weg nach Kapharnaum gemacht haben, um sich an Ort und Stelle zu überzeugen, was da los war. Metellus war mit seiner Truppe gerade dabei, die Schäden auszubessern, die am Fallgerüst und an der Mauer durch den Anprall entstanden waren, als Pilatus überraschend eintraf, begleitet von Lucius und einem Dutzend Soldaten aus dessen Mannschaft. Seine erste Frage galt dem Befinden der Verwundeten, Lucius musste ihm darüber schon berichtet haben, und dann kam die Kontrollfrage: „Wirklich keine Toten?" Sichtlich erleichtert nahm Pilatus die verneinende Antwort Metellus' zur Kenntnis und ließ sich dann ausführlich Konstruktion und Wirkungsweise des Gerüstes erklären. „Woher hast Du die Idee zum Gerüst gehabt, und vor allem, woher wusstest Du vom bevorstehenden Angriff?" Diese Fragen waren Metellus nicht angenehm, denn wie sollte er nun Pilatus erklären, warum und wie ihm Zacharias geholfen hatte? So gab er nur zur Antwort: „Herr, das ist eine lange Geschichte!" „Dann erzähle sie mir übermorgen beim Gastmahl. Man wird Dir sagen, wann und wo es stattfinden wird. Jetzt habe ich zu wenig Zeit, um mich mit Dir darüber zu unterhalten, ich muss überprüfen, wie es mit den Steuern für den Imperator steht." Damit verabschiedete sich der Präfekt und Metellus konnte aufatmen. Zwei Tage hatte er nun Zeit, sich zu überlegen, wie er die Sache mit der Kasse Pilatus darstellen würde.

XXI

Das Fest, das Pilatus kurz erwähnt hatte, fand zwei Tage später in Kapharnaum statt. Es war ein Gastmahl, das der Prokurator für die bedeutenden Persönlichkeiten der näheren und weiteren Umgebung gab. Pilatus hatte alle einladen lassen, die nur irgendwie in Betracht kamen, um niemanden zu beleidigen und damit unnötig zum Feind zu machen. So ergab sich bald das Problem, für die große Gästezahl einen geeigneten Raum zu finden. Alle militärischen und zivilen Gemächer erwiesen sich als viel zu klein, aber schließlich fand sich eine große hallenartige Scheune, die man ausräumte und für das Gastmahl herrichtete. Um liegend zu speisen, wie es die Römer gewohnt waren, war auch dieser Raum zu klein, also musste sitzend gegessen werden. Parallel zur Längsseite der Halle wurden drei lange Tafeln errichtet, an jenem Stirnende der mittleren Tafel, das dem Eingang gegenüber lag, wurde für Pilatus der Platz bereitet, die benachbarten Plätze für die Ehrengäste. Der ganze Raum wurde mit Blumen schön geschmückt und die Sitze reichlich gepolstert.

Pilatus hatte für die Zeit des Sonnenunterganges geladen und kurz danach fand sich Metellus ein. Pilatus als Gastgeber war natürlich schon anwesend, umringt von zahlreichen Gästen, die seine Nähe suchten. Metellus wartete, bis er Pilatus begrüßen konnte, ging dann zu einem Platz im Bereiche des unteren Endes der Tafel und setzte sich. Kaum hatte er Platz genommen, kam ein Diener zu ihm und sagte ihm, er solle zu Pilatus kommen. Metellus ging sofort zum oberen Tafelende, Pilatus kam ihm einige Schritte entgegen und sagte: „Metellus, ich will, dass Du heute neben mir sitzt." Und damit wies der Präfekt auf den Platz zu seiner Rechten. Metellus wurde rot über die unerhörte Auszeichnung, die ihm zuteil wurde, und brachte mühsam hervor: „Herr, es freut mich, neben Dir zu sitzen, aber das ist doch der Platz für Lucius". „Lucius wird noch genug Gelegenheit haben, neben mir zu sitzen, heute will ich, dass Du ganz in meiner Nähe bist. Ich habe einiges mit Dir zu reden". „Hoffentlich nicht die Kassenangelegenheit!" dachte Metellus bei sich und nahm Platz. Der Sitz gegenüber ihm, zur Linken von Pilatus, blieb frei. Als kurz darauf Lucius erschien, wechselte Pilatus einige Worte mit ihm, offenbar erklärte er ihm, warum er heute nicht den Platz erhielt, den er erwarten konnte, und so wurde Lucius neben den freien Platz gesetzt.

Und dann kam sie - Claudia, die Gattin des Pilatus. Als sie den Saal betrat, waren augenblicklich alle Augen auf sie gerichtet, und jeder erhob sich zum Zeichen der ehrfürchtigen Begrüßung. Sie ging lächelnd langsam und leichtfüßig die lange Tafel entlang, nach links und rechts nickend grüßend. Metellus kam es vor, als schwebe ihr zarter Körper dahin. Am Tafelende angelangt, verneigte sie sich vor ihrem Gatten, dem Statthalter und trat zu ihrem Sitz. Und so standen sie plötzlich einander gegenüber: Claudia und Metellus. Pilatus nützte den Moment der Überraschung, um Claudia zu informieren, wer ihr Gegenüber war: Er, Pilatus, wolle sich nun berichten lassen, wie es beim Angriff auf das Lager zugegangen wäre. Alle setzten sich und die Speisen wurden aufgetragen. Pilatus hatte nicht gespart, es gab vorzügliche Delikatessen und hervorragenden Wein. Während des Essens hatte Metellus ausreichend Gelegenheit, sein Gegenüber zu betrachten, er konnte es unauffällig tun, denn Claudia wurde von Lucius, der die seltene Gelegenheit ausnützte, sofort in ein Gespräch verwickelt. Sie war nicht übermäßig groß, schlank, langbeinig und – was allen in die Augen stach – sie hatte goldblondes üppiges Haar, das ihr in Wellen bis über die Schultern fiel. Man konnte sie auch schön nennen, zumal sie eine Frische und Natürlichkeit ausstrahlte, die wohl jeden gefangen nahm.

Metellus erwartete, dass Pilatus das angekündigte Gespräch bald beginnen würde, aber Pilatus ließ sich Zeit. Inzwischen tauschte Metellus Erfahrungen mit seinem Nachbarn, einem Lagerkommandanten im Norden von Kapharnaum, aus. Aber in einer kurzen Pause dieses Gespräches wandte sich Pilatus plötzlich Metellus zu: „Höre, Metellus, berichte mir nun genau, wie Du das Lager verteidigt hast." Nichts tat Metellus lieber als das und schilderte ausführlich den Bau des Fallgerüstes, die Anordnung der Dornenschlingen, die seitlichen Fallbrücken für den Ausfall und die Bereitstellung der Reiterei im Hinterhalt. Letzteres kommentierte Pilatus sofort kurz mit „Vorbild Cannae", fügte aber hinzu: „Wie hast Du die Reiterei dort hinauf gebracht, ohne dass das vom Feind bemerkt wurde?" Metellus berichtete über das Auffinden des Aufstieges mit Hilfe des Hirten, das Absprengen des Felsens und die Anfertigung der Brücke. „Wieso hast Du den Hirten dazu gebracht, Dir so zu helfen?" wollte Pilatus nun wissen. Metellus erzählte von der Rettung des verlorenen Schafes, vergaß aber auch nicht, die beiden Goldmünzen zu erwähnen. „Irgendwo ist immer das Geld im Spiel" lachte Pilatus, „und nun sage mir, wer Dir zu dem Gerüst geraten hat." Metellus bemerkte, dass das Gespräch nun auf ein Gebiet kam, wo es heikel wurde. „Es war

Zacharias, ein judäischer Glaubenslehrer, er schenkte mir einen Nussknacker. Den hielt ich einmal in gestreckter Lage, ein Schenkel klappte nach unten und traf meine Hand. Das brachte mich auf die Idee." „Und wieso bist Du mit diesem – wie hieß dieser Jude nur – in Kontakt gekommen, sodass er Dir etwas geschenkt hat?" Metellus wurde die Situation ungemütlich. Immer mehr näherte man sich dem heiklen Punkt der Finanzierung des Synagogenbaues. Wusste Pilatus etwa schon davon? Er, Metellus war ja nicht der einzige, von dem Pilatus Nachrichten bezog. Metellus entschloss sich, den Stier bei den Hörnern zu packen. Er rückte näher zu Pilatus und begann leise, zu Pilatus gewendet, diesem zu berichten: „Höre, Herr: Als ich hierher nach Kapharnaum kam, sagte man mir, man hätte hier zwei Feinde, die da drüben" und Metellus deutete nach Osten, „und die hier rings um uns. Über erstere gab es keine Möglichkeit, etwas zu erfahren, aber über die hier schon, und dazu suchte ich das Gespräch mit Zacharias. Er informierte mich über seinen Glauben, der von dem, woran wir glauben, ziemlich abweicht. Vor allem glauben sie, dass eines Tages ein gewisser Messias kommen und ihr Reich wieder aufbauen werde. Bisher ist dieser Messias nicht aufgetaucht, soviel mir bekannt ist, aber wir müssen wachsam sein. Im Verlaufe der Gespräche mit Zacharias schilderte dieser mir sein größtes Problem, nämlich einen Synagogenbau. Ihm fehlten 2600 Denare. Ich gab sie ihm, wobei ich sie aus der Lagerkasse nahm." Metellus war überrascht, dass Pilatus an dieser Stelle kein finsteres Gesicht machte und fuhr eilig fort: „Ich gab natürlich einen Beleg in die Kasse, mit dem ich mich verpflichtete, den Betrag mit Zinsen zurückzugeben. Sollte mir das nicht möglich sein, so würde mein Vater einspringen, er ist dazu in der Lage."

Metellus machte eine kleine Pause und sah seinen Gesprächspartner an, aber der schwieg, und so fuhr Metellus fort: „Das Geschenk an Zacharias verschaffte mir Zugang zu seinem Haus und bei einem Treffen bekam ich dort durch Zufall Kenntnis von dem bevorstehenden Angriff auf das Lager. Etwa zugleich verstarb Zacharias plötzlich. Eine seiner letzten Anweisungen war, man solle mir den Nussknacker geben und ich solle ihn mir zum Vorbild nehmen. Tatsächlich brachte er mich auf die Idee des Gerüstes, ich sagte schon, als er mir auf die Hand schlug. Ohne Zacharias wäre ich also weder von dem bevorstehenden Angriff gewarnt worden, noch hätte ich das Gerüst gehabt, das sicherlich dafür entscheidend war, dass die große Überzahl der Feinde abgewehrt werden konnte. Nun sage selbst, Herr, wäre alles das nicht geschehen, könnte ich dann noch so wie jetzt bei Dir sitzen? Und die 72 Mann des Lagers sowie die zehn Leute, die Lucius mir zur Verstärkung gab, müsstest Du dem Kaiser als Verlust melden und das für die Kontrolle der Straße wichtige Lager dazu."

Wieder machte Metellus eine kleine Pause, in der Pilatus schweigend nickte. „Und was die Entnahme der 2600 Denare betrifft, so habe ich veranlasst, dass die Feinde sie zurückzahlen, mit guten Zinsen. Du wirst in der Kasse die Belege über die Einlagen finden, die aus dem Verkauf der Gefangenen stammen sowie über die Münzen, die wir aus den Taschen der Feinde holen konnten. Und dazu kommt noch das Geld, das wir aus dem Verkauf der erbeuteten Pferde und Waffen erwarten können, dazu bin ich bisher noch nicht gekommen. In der Summe macht alles das ein Mehrfaches von dem aus, was ich entnommen habe. Und sagtest Du nicht selbst vor kurzem: ‚Irgendwo ist immer das Geld im Spiel?' Herr, ich habe Dir nun alles gesagt, urteile selbst."

Metellus hatte erwartet, dass Pilatus eine Weile schweigen würde, um zu überlegen, wie die ungewöhnliche Botschaft zu werten sei. Zu seiner Überraschung lächelte Pilatus aber und antwortete sofort: „Metellus, Du hast klug gehandelt und wahr berichtet. Und Du hast dem Kaiser gute Dienste geleistet. Deshalb werde ich Dir etwas geben." Mit diesen Worten griff Pilatus in eine Tasche seines Gewandes und zog ein Blatt hervor, das er Metellus überreichte. Dieser erkannte es sofort, es war der Beleg, den er für die 2600 Denare in die Kasse gelegt hatte. Pilatus hatte sich also schon zuvor in Abwesenheit von Metellus über den Kassenstand informiert und abgewartet, wie sein Centurio die Angelegenheit schildern würde. „Diese Synagogenangelegenheit wollen wir künftig unter uns lassen" fügte Pilatus hinzu, „für alles andere sorge ich." Und er nahm Metellus' Becher, füllte ihn mit Wein, nahm dann seinen Becher und trank Metellus zu.

Während seines Berichtes hatte Metellus gelegentlich verstohlen zu Claudia geblickt. Sie saß ja so, dass sie hören konnte, was Metellus sprach und er hatte den Eindruck, dass sie gespannt zuhörte. Sie sagte aber nichts, bis Pilatus sie fragte: „Und was meinst Du?" „Ja, und sogar sehr" war ihre Antwort, deren Sinn Metellus nicht verstand. Aber Pilatus verschaffte diesbezüglich bald Klarheit: „Metellus, ich habe ein Problem: In meiner Garde gab es einen Hauptmann, er hieß Octavius, er war treu, tapfer und tüchtig. Nur hat er kürzlich einen schwerwiegenden Fehler begangen: Vor einiger Zeit war ich mit meiner Garde in Jerusalem und einige dieser Leute wurden bei einem Besorgungsgang mit Steinen beworfen, dabei gab es mehrere Verletzte. Octavius kam ihnen zu Hilfe und trieb die Angreifer in die Flucht. Die meisten von ihnen verschwanden im Gewirr der Gassen, aber eine große Gruppe flüchtete in den Tempel, sie meinten, dort wären sie sicher. Du weißt ja, irgendein Idiot in Rom hat ihnen zugestanden, dass wir den Tempel nicht betreten dürfen. So als hätte er nicht bedacht, dass er ihnen damit eine Fluchtburg bietet, aus der sie bei nächster Gelegenheit wie die Ratten aus den Löchern hervorkommen, um uns wieder Steine auf die Köpfe zu werfen oder einen von uns von hinten zu erstechen. Kurz: Octavius kümmerte sich nicht darum, drang in den Tempel ein und schlug sie alle zusammen. Nicht dass ich auch nur mit einem von ihnen Mitleid hätte, aber er hat mir damit endlose Scherereien bereitet. Sie drohten sich beim Kaiser zu beschweren und ich musste Octavius vom Dienst abziehen und nach Rom schicken. Ich wünsche ihm, dass er billig davon kommt. Wohin immer sie ihn schicken werden, er hat es dort besser als hier in diesem verfluchten Land. Jedenfalls, ich brauche Ersatz für Octavius, einen guten Mann. Du scheinst mir sehr geeignet, denn Du hast nicht nur Mut, sondern bist auch klug. Also, Metellus, willst Du zu mir als Hauptmann der Garde kommen? Mit den anderen beiden Hauptleuten wirst Du Dich sicher gut verste-

hen, es sind prächtige Kerle. Nun, wie denkst Du darüber?"
Metellus wurde rot vor Freude: Hauptmann der Garde des
Statthalters, das war ein Aufstieg sondergleichen. „Herr", antwortete er, „es freut mich, dass Du mich dieser Aufgabe für
würdig erachtest. Gerne würde ich es tun, nur bin ich ja von
Rom hier eingesetzt worden und ohne dass man dort zu-
stimmt, kann ich doch nicht von hier weg. Und was würde Lucius dazu sagen?" „Wenn ich es will, wird Lucius nicht nein sagen können", lächelte Pilatus, „und was Rom betrifft, das lass
meine Sorge sein, ich kenne dort die Leute gut, die darüber zu
entscheiden haben. Aber ich habe noch eine andere Sorge: Von
der Mannschaft, die Du führen wirst, sind zwei Soldaten aus-
gefallen, der eine ist alt geworden und hat aufgehört und den
anderen hätten sie mit einem Dolchstich fast getötet, er hat
überlebt, aber kann nicht mehr weiter Dienst machen. Hast
Du hier zwei tüchtige Leute als Ersatz, die Du mitnehmen
willst?" „Ja, Robustus und Celerus, es sind zwei hervorragende, erfahrene Krieger." „Gut, nimm sie mit, ich werde in
Rom und mit Lucius das Nötige erledigen, Du bekommst Bescheid. Also auf bald!" Und wieder trank Pilatus seinem Centurio zu.

Pilatus musste sich rasch um diese Sache gekümmert haben, denn schon nach knapp zwei Wochen kam aus Rom die
Weisung, Metellus, Robustus und Celerus sollten sich zur weiteren Verwendung bei Pilatus melden. Die gesamte Lagermannschaft und auch Lucius ließen sie ungern ziehen.

XXII

Kaum war Metellus mit Robustus und Celerus in Caesarea bei Pilatus angekommen, machten sie sich gleich an die Ab-
klärung ihrer Dienstaufgaben. Die beiden anderen Gardehaupt-
leute waren Metellus dabei behilflich, es ergab sich eine sehr
gute Zusammenarbeit, jeder hatte volle Achtung vor den beiden anderen. Metellus hatte nichts von seiner Corona Civica erwähnt, aber irgendwie musste sich das in Caesarea zur Garde-
mannschaft herumgesprochen haben, denn ohne Metellus' Zu-

tun kamen die beiden anderen Hauptleute darauf zu sprechen und wollten von Metellus wissen, wie es dabei zugegangen war. Und natürlich interessierten sich die beiden auch brennend für die Maßnahmen, die zur Abwehr des Angriffes auf das Lager bei Kapharnaum getroffen worden waren. „Man lernt nie aus" sagte lächelnd einer der beiden, wie sein Kollege ein erfahrener Krieger.

Nach einiger Zeit sollte in Judäa das Pascha-Fest gefeiert werden, und es war Brauch, dass sich auch der Statthalter zu diesem Fest in Jerusalem aufhielt. Man traf also die Vorbereitungen für die Reise von Caesarea nach Jerusalem, aber nicht wie üblich, denn dieses Mal wollte Claudia mitkommen. Pilatus hatte ihr dringend davon abgeraten und darauf hingewiesen, dass diese Stadt die Hochburg der Aufständischen sei, überall hielten sich Attentäter versteckt, die nur darauf warteten, zuschlagen zu können, wobei sie keinen Unterschied machten zwischen Groß und Klein, Reich und Arm, Mann und Frau. Aber Claudia bat Pilatus immer wieder und brachte vor, dass sie ja bei ihrer Vermählung gelobt hatte, ihren Mann in keiner Gefahr zu verlassen, sodass Pilatus endlich nachgab und erlaubte, dass sie mitfuhr. Claudia durfte auch einige Dienerinnen mitnehmen.

In Jerusalem angekommen, bezogen sie nicht den Palast des Königs, sondern die Burg Antonia, denn die war fest gebaut und hatte hohe Mauern. Die Zeiten waren ja unsicher und man konnte nicht wissen, ob man sich nicht werde verteidigen müssen. Pilatus begann sich um die Verwaltungsangelegenheiten zu kümmern und empfing die Höflichkeitsbesuche all jener, die in Jerusalem etwas zu sagen hatten. Metellus und die beiden anderen Hauptleute, die die Burg von früheren Besuchen her bereits gut kannten, organisierten die Burgwache, die beiden informierten Metellus auch über die Verteidigungsmöglichkeiten für den Fall eines Angriffes.

Claudia aber begann, kaum dass sie ihre Gemächer bezogen hatte, die weitläufigen Innenhöfe der Burg zu besichtigen. Sie fand einen Winkel, in dem eine kleine Laube stand, bewachsen mit einem blütenreichen Schlinggewächs. Diesen Winkel erklärte sie sofort zu ihrem „Reich" und trug ihren Dienerinnen auf, die Laube und ihre Umgebung zu säubern und mit Pflanzen und Blumen zu schmücken. Ihr Mann ließ sie lächelnd gewähren.

Nach einigen Tagen in Jerusalem ließ Pilatus, wie er es in den vergangenen Jahren auch schon getan hatte, die bedeutendsten Kaufleute der Stadt im Vorhof der Burg ihre Waren anbieten, natürlich unter Beobachtung zahlreicher Wachen. Die Händler nahmen diese Gelegenheit stets freudig wahr, denn die Römer hatten gutes Geld und Pilatus war nicht knauserig. Dieses Jahr aber war für die Händler die Gelegenheit für ein gutes Geschäft besonders günstig, denn es hatte sich herumgesprochen, dass Pilatus seine Frau samt Dienerinnen mitgebracht hatte, und davon erhofften sich die Kaufleute einen erhöhten Umsatz. So waren sie alle gekommen, vor allem die Gold- und Silberschmiede, die Holz- und Elfenbeinschnitzer, die Lederwarenhändler und natürlich auch die Tuchhändler, unter ihnen Nicodemus, ein reicher Kaufmann, der gute Handelsverbindungen mit dem fernen Osten hatte und ausgesucht schöne Ware anbieten konnte. So fiel Claudias Blick, als sie die aufgebauten Stände der Händler abging, bald auf einen Stoffballen aus dem Angebot des Nicodemus. Es war türkisfarbene Seide, in die Goldfäden eingearbeitet waren. Begehrlich blickte Claudia auf diese Ware, was Nicodemus sofort bemerkte, Claudia den Stoff anhielt und sie sich in einem Spiegel betrachten ließ. Der Stoff war wie für sie geschaffen, seine Farbe passte wunderbar zu Claudias blonden Haaren und geschmeidig schmiegte sich die Seide an ihren Körper an. Pilatus, der einstweilen mit einem anderen Händler um einen goldenen Becher feilschen ließ, hatte ihr einen Begleiter mitgegeben, der sich aufs Handeln verstand und, als Claudia nach dem Preis dieses Stoffes fragen ließ und über den genannten Betrag etwas erschrocken war, den Kaufmann sofort für einen der Hölle entkommenen schamlosen Gauner erklärte. Aber Nicodemus, der aus dem Handelsverkehr solche Anreden offenbar gewohnt war, lächelte nur und meinte, man könne ja über den Preis reden, insbesondere dann, wenn die Königin des Tages – und dabei verbeugte er sich vor Claudia – nicht nur an einem Stück Gefallen fände und auch der Herr über alles – dabei deutete Nicodemus eine Verbeugung in Richtung zum fernen Pilatus an – nichts dagegen hätte. Claudia sah das als Aufforderung für weitere Käufe an und begann sich mit dem reichhaltigen Angebot des Nicodemus näher zu befassen.

Nach einiger Zeit kam Pilatus hinzu und besah sich kopfschüttelnd das Ergebnis von Claudias reicher Auswahl. Die türkisfarbene Seide gefiel auch ihm, auch einen rosa und einen blau mit weiß gemusterten Stoff sowie zwei weitere Stücke ließ er gelten, nur gegen ein schwarzes Material hatte er Bedenken und fand, dafür sei seine schöne Frau doch viel zu jung. So wählte man stattdessen einen lichtgrauen Stoff, dessen Farbe einen Blaustich aufwies und sehr gut zu Claudias Hautfarbe passte. Damit erklärte Pilatus aber die Käufe für beendet, denn sonst müsste er womöglich nach Caesarea zurück, um Geld zu holen. Es begann nun ein eifriges Feilschen um den Gesamtpreis, Claudias Begleiter tat sein Bestes, sodass man endlich bei einem Betrag anlangte, der nur noch der Zustimmung des Präfekten bedurfte. Pilatus dachte daran, dass die beiden mit eingelegten Edelsteinen verzierten goldenen Becher, die er vorhin gekauft hatte, auch nicht billig gewesen waren, gab daher sein Einverständnis und ließ mit goldener Münze den ausgehandelten Preis zahlen, der etwas über der Hälfte dessen lag, was ursprünglich gefordert worden war. Aber aus dem lächelnden Gesicht des Nicodemus war zu schließen, dass auch er mit diesem Handel nicht unzufrieden war.

Außer einigen Soldaten aus Pilatus' Garde und der örtlichen Garnison sowie ein paar von Claudias Dienerinnen tat noch jemand einen Kauf, für den er alles hingab, was er bei sich hatte: Es war Antonius, ein junger Soldat, der erst vor etwa zwei Monaten, aus Rom kommend, in Metellus' Truppe eingetreten war. Es hieß, er sei aus vornehmem Haus und auch sein ganzes Benehmen ließ darauf schließen. Kaum war er in Caesarea eingetroffen, hatte er irgendwie Clivia, eine Dienerin Claudias, kennen gelernt und sich sofort in sie verliebt. So wie er stammte auch Clivia aus einer gehobenen römischen Familie und bald stellte sich heraus, dass auch die beiderseitigen Eltern einander kannten. Clivias Eltern waren darüber hinaus mit Claudias Familie befreundet und hatten Claudia gebeten, Clivia für einige Zeit in ihren Dienst aufzunehmen, damit sie den Umgang in führenden Kreisen lerne. Natürlich blieb diese junge Liebschaft nicht lange verborgen, denn die beiden steckten zusammen, wann immer sich die Gelegenheit dazu bot. Claudia und Metellus sahen lächelnd darüber hinweg, zumal weder Clivia noch Antonius ihren Dienst vernachlässigten. Auch Pilatus, von Metellus informiert, ließ die beiden jungen Menschen gewähren, denn ein guter Kontakt zu ihren Familien konnte ihm für seine weitere Karriere nur nützlich sein.

Jener Antonius hatte nun für seine Clivia einen goldenen Ring erstanden, der zwei Edelsteine trug: einen roten als Zeichen seiner Liebe und einen blauen als Sinnbild für seine Treue, und noch am selben Abend konnte er bei Mondschein seiner Angebeteten diesen Ring an den Finger als Heiratsversprechen stecken, was Clivia mit einem heißen Kuss besiegelte. Die beiden wollten so bald wie möglich nach Rom zurückkehren und einen Bund fürs Leben eingehen. Es sollte jedoch anders kommen.

XXIII

Als Metellus an einem der nächsten Abende auf einem Inspektionsgang an der Torwache vorbeikam, hörte er einen der Soldaten mehrmals beteuern: „Und ich sage Euch, es ist wahr, ich habe selbst zwei Männer gesprochen, die dabei waren". Es musste sich um eine sehr unglaubwürdige Nachricht handeln, denn aus den Gesichtern der anderen Soldaten war nichts als Zweifel zu sehen und einer sagte: „Gajus, Du kannst uns erzählen, was Du willst. Ein Toter ist tot und niemand kann ihn wieder lebendig machen." Metellus trat zu der Gruppe und fragte, worum es gehe. Der Soldat berichtete ihm, er wäre mit zwei anderen gerade von einem nahe gelegenen Laden in der Stadt zurückgekommen, wo zwei Männer aufgeregt erzählt hätten, sie wären gestern aus Bethanien gekommen. Dort wäre vor einigen Tagen ein Mann namens Lazarus gestorben, mehrere Tage wäre er schon begraben gewesen, dann aber sei ein gewisser Jesus gekommen, ein Mann aus Nazareth, und der hätte den Lazarus wieder zum Leben erweckt. Sie hätten es selbst gesehen, denn sie wären zu den Trauerfeierlichkeiten eingeladen gewesen und sie hätten den Verstorbenen auch persönlich von früher gekannt, es sei also kein Zweifel möglich, es sei ganz sicher Lazarus gewesen, der da wieder lebendig aus dem Grab hervorgekommen wäre.

Metellus hatte so aufmerksam zugehört, dass es den anderen Soldaten aufgefallen war. „Glaubst denn Du dieses Märchen?" fragte ihn einer. Es herrschte allgemeine Verblüffung, als Metellus sofort und fest antwortete: „Ich glaube es". Metellus war zu angesehen, als dass man ihn ausgelacht hätte, aber den Gesichtern der Soldaten war der ungläubige Zweifel und die Verwunderung über Metellus' Antwort anzusehen. Da erzählte ihnen Metellus, dass es sich offenbar um denselben Jesus handle, der Robustus geheilt hatte und wie es dabei zugegangen war. Als Metellus geendet hatte, schwiegen alle. Erst nach einiger Zeit sagte einer: „Diesen Mann möchte ich kennen lernen!" „Vielleicht ergibt sich dazu die Gelegenheit" antwortete Metellus ohne zu ahnen, wie bald dieser Wunsch in Erfüllung gehen sollte.

Am übernächsten Morgen brachte man Pilatus eine eilige Nachricht. Ein Posten aus der Gegend nahe Jericho berichtete, eine große Menschenmenge ziehe in Richtung Jerusalem. Pilatus befürchtete, das könne der Beginn eines Aufstandes sein und schickte sofort vier Reiter in diese Gegend. Sie sollten nachsehen, was dort los wäre und gleich genauen Bescheid geben, ob Gefahr drohe. Nach wenigen Stunden kamen zwei von ihnen zurück und berichteten, es handle sich tatsächlich um eine große Menge, etwa 1500 Mann. „Das kann eine unruhige Nacht werden" entfuhr es Pilatus, aber einer der zwei Soldaten meinte, er müsse sich keine Sorgen machen. Zwar sei die Zahl der Menschen groß, aber es seien auch Frauen und Kinder dabei und vor allem sähen die Leute nicht wie Krieger aus. Auf die Frage nach Waffen wurde Pilatus geantwortet, bei einem

Mann hätten sie ein kurzes Schwert gesehen, sonst seien kaum Waffen bemerkt worden, vielmehr hätten die Leute Palmwedel in der Hand, die sie in der Luft schwenkten. „Aus welchem Anlass?" wollte Pilatus wissen. „In ihrer Mitte ist einer, den sie ihren König nennen" antwortete einer der zwei. „Den König der Juden?" fragte Pilatus verblüfft und dachte zunächst an Herodes, aber der konnte es nicht sein, denn der befand sich ja in Jerusalem: „Wie sieht er denn aus?" Man berichtete Pilatus, es handle sich um einen Mann zwischen 30 und 40 Jahren, und er gebe sich gar nicht königlich. „Warum?" fragte Pilatus sofort. „Er reitet auf einem Esel" war die Antwort des Soldaten. „Kerl, erzähle mir keine Märchen!" rief der Prokurator ungläubig, „ein König reitet doch nicht auf einem Esel!". Aber der andere Soldat bestätigte: „Ja, Herr, es ist so, wie er es Dir gesagt hat." Da lachte Pilatus, wie man ihn noch nie lachen gesehen hatte. „Ein edler König das", Pilatus rang vor Lachen um Atem, „reitet auf einem Esel und lässt sich mit Palmenzweigen bewedeln! Ha, ha, ha, na, dieser König passt zu den Juden, die verdienen keinen besseren! Ha, ha, ha, gerade dass dieser König nicht auf einem Schwein reitet! Ha, ha, ha! Schade, dass ich nicht selbst hinaus geritten bin, um mir das anzusehen, und jetzt kann ich nicht weg, weil mich meine Arbeiten hier festhalten! Ein König auf einem Esel ! Ha, ha, ha! Sagt den anderen nichts davon, sonst hat sich bis morgen die halbe Mannschaft tot gelacht! Der Eselkönig! Ha, ha, ha! Diesen feinen König möchte ich gerne kennen lernen!"

Wie der Soldat der Torwache vor ihm, so ahnte auch Pilatus nicht, wie bald er dazu Gelegenheit haben sollte.

XXIV

Am Tage darauf geschah etwas Entsetzliches: Metellus machte mit einigen seiner Leute einen Kontrollgang durch die Umgebung der Burg, Antonius war dabei. Sie waren schon auf dem Rückweg und gingen eine schmale Gasse entlang zur Burg zurück, Metellus voran, die anderen geschlossen hinter ihm, Antonius, der sich ein Lied pfiff, als letzter. Plötzlich erstarb dieses Lied, sie hörten einen Schrei und gleich darauf einen dumpfen Fall. Als sie sich umdrehten, lag Antonius am Boden, aus einer Wunde quoll Blut. Ein Mann lief zwischen anderen Leuten die Gasse, die sie gekommen waren, zurück, einen blutigen Dolch noch in der Hand. Sofort warf Celerus seinen Schild weg und stürmte dem Fliehenden nach, im Laufen zog er sein Schwert. Metellus schrie seine Befehle: „Zwei Mann zurück in die Burg um eine Bahre, und sofort den besten Wundarzt holen! Robustus und zwei weitere mit mir, die anderen bleiben hier und kümmern sich um Antonius!" Dann liefen die vier Celerus nach. Hatte der Attentäter Helfer gehabt, so wagten diese es nicht, sich gegen die dahinstürmenden Römer zu wenden und verschwanden in den benachbarten engen Gassen.

Celerus kam dem Verfolgten immer näher. Als der sah, dass weitere Flucht sinnlos war, stellte er sich zum Kampf, den Rücken gegen eine Wand gekehrt, den Dolch zum Stoß gezückt. Kurzschwert gegen Dolch, so standen einander die beiden Kämpfer gegenüber, beide noch atemlos vom schnellen Lauf. Celerus wartete auf den Angriff des Gegners, er hatte ja Zeit, denn er wusste, dass einige Kameraden ihm folgen würden. Als der Dolchstoß kam, wich Celerus geschickt aus, schlug dem Attentäter das flache Schwert auf den Kopf, gleich darauf dem Benommenen den Dolch aus der Hand, warf sein Schwert weg und drückte den Zeloten am Hals mit beiden Händen gegen die Mauer. Gleich darauf waren die anderen heran und als Robustus' gewaltige Faust einen Arm des Mannes packte, gab es für diesen kein Entrinnen mehr. Robustus drehte ihm beide Arme auf den Rücken, die anderen fesselten den Gefangenen, legten ihm eine Schlinge um den Hals und führten ihn so in die Burg. Dort gab Metellus den Befehl, den Attentäter im Kerker mit Ketten anzuschließen und scharf zu bewachen.

Mittlerweile hatte man Antonius in die Burg gebracht, ein Arzt hatte ihn untersucht und gab leider keinen guten Befund: Der Stich in den Rücken hätte den jungen Mann so schwer verletzt, dass er vermutlich nicht überleben werde. Man rief Clivia, sie brach fast zusammen, als sie Antonius erblickte, dem Blut aus dem Mund rann. Sie ergriff seine Hand und drückte ihm einen Kuss auf die Stirn. Antonius erwachte aus seiner Ohnmacht, erkannte Clivia und wollte etwas sagen, aber seine Stimme versagte und nicht viel später reagierte er nicht mehr.

Bald darauf starb Antonius in den Armen von Clivia, Sie drückte ihm die Augen zu und ließ sich, haltlos weinend, von Claudia in ihr Zimmer führen. Claudia blieb einige Zeit bei ihr, um sie zu trösten, so gut es möglich war.

Kurz nachdem man Metellus den Tod von Antonius mitgeteilt hatte, kam Celerus zu ihm und sagte, er hätte Wichtiges zu berichten: Man hätte den Gefangenen hart befragt, wer er sei und woher er komme. „Und weißt Du, was wir herausgebracht haben?" fragte Celerus und fuhr fort, ohne eine Antwort abzuwarten: „Er heißt Barrabas und ist aus Kapharnaum!" „Ja, und?". „Sagt Dir der Name denn nichts?" fragte Celerus erstaunt. Metellus durchzuckte plötzlich die Erinnerung: „Ist das dieser Barrabas, der damals in Kapharnaum den Stein auf Robustus warf?" „ Genau der" antwortete Celerus, „es ist kein Irrtum möglich. Er hat sich selbst verraten: Ich hatte gleich einen Verdacht, als ich sah, wie er lief. Da gab ich an, wir suchten einen Mann aus Jerusalem wegen Mordes. Darauf sagte er, er sei aus Kapharnaum, und als ich das bezweifelte, beschrieb er seine Wohnung dort, es ist das gleiche Haus, in welches wir damals eindrangen, als wir den Steinwerfer verfolgten." „Gut gemacht, Celerus", lobte Metellus, „Mord und Mordversuch, das reicht für den Kerl zum Tod am Kreuz. Pilatus wird zwar Antonius' Tod sehr bedauern, aber auch deswegen Dich für diesen Fang beloben. Ich werde ihm jetzt berichten!"

XXV

Es war ein anstrengender Tag für Metellus gewesen. Er hatte Wachdienst gehabt und weiters waren Fragen bezüglich einer allfälligen Verteidigung der Burg Antonia zu klären gewesen. Er war also froh, sich spät abends endlich schlafen legen zu können. Aber es war etwa drei Stunden nach Mitternacht, als er geweckt wurde. Ein Soldat der Torwache stand vor ihm und berichtete, dass beim Tor zwei Juden auf ihn, Metellus, warteten. Sie ließen sich nicht abweisen und sagten, sie hätten für ihn eine dringende Nachricht über einen gewissen Jesus aus Nazareth. Mit einem Sprung war Metellus auf und folgte dem Soldaten hinunter. Nur seinen Mantel und das Schwert nahm er mit, man konnte nicht wissen, ob das Ganze nicht eine Falle war.

Unten beim Tor gab es innerhalb der Mauer einen kleinen Raum, in den man die beiden Juden geführt hatte. Das war eine Sicherheitsmaßnahme, denn man hatte aus Ereignissen der Vergangenheit gelernt: Es war nämlich häufig vorgekommen, dass am Tor ein Jude nach jemandem in der Burg unter einem Vorwand verlangt hatte. Sobald der Betreffende erschien, lief der ungebetene Besucher davon, zumeist nicht ohne Beschimpfungen auszustoßen oder gar Steine zu werfen.

Als Metellus den Raum betrat, standen die zwei Juden auf und verneigten sich. Der eine schien etwas älter, der andere blutjung und offensichtlich tieftraurig, denn unaufhörlich rannen ihm Tränen über die Wangen. Auffällig an ihm war außerdem der Umstand, dass er einen kostbaren Mantel trug, wogegen sein älterer Begleiter eher ärmlich gekleidet war. „Ich bin Metellus und was habt ihr mir zu sagen?" kam Metellus sofort zur Sache. „Ich bin Andreas aus Kapharnaum" antwortete der ältere und deutete dann auf den jüngeren: „Und dieser hier ist Johannes aus Betsaida. Wir sind beide Jesus aus Jericho hier nach Jerusalem gefolgt. Gestern abends sind wir angekommen. Nach dem Abendessen sind wir in einen Garten gegangen. Dort hat Jesus gebetet, gleich darauf ist eine große Schar Bewaffneter gekommen, sie haben ihn festgenommen und abgeführt. Dabei hat Simon, einer von uns, versucht, Jesus zu verteidigen, aber Jesus hat es ihm verboten. Als man auch gegen uns vorgehen wollte, sind wir geflohen, ich konnte leicht entkommen, aber ihn, Johannes, hat man fast ergriffen. Man war ihm schon so nahe, dass man seinen Mantel fassen konnte, den musste er ihnen zurücklassen. Er konnte sich in einer Gartenhütte verstecken, dort fand er einige Lumpen, um sich gegen die Kälte zu schützen. Bei Nicodemus, dem Kaufmann, haben wir einander wieder getroffen, wir wussten, dass er ein Freund von Jesus ist und haben uns zu ihm durchgefragt. Wir mussten aber warten, bis Nicodemus von einer Ratsversammlung zurückkam. Von ihm haben wir erfahren, dass Jesus der Tod droht, Kaiphas, der Hohepriester, und die anderen wollen ihn schon in wenigen Stunden vor Pilatus bringen. Nicodemus hat uns gebeten, nicht bei ihm zu verbleiben, denn er stehe selbst in Verdacht, ein Freund von Jesus zu sein. Aber er hat Johannes einen seiner Mäntel gegeben und uns geraten, Dich zu bitten, für Jesus einzutreten. Du kannst ihn retten, Du musst es tun. Du bist unsere einzige Hoffnung." Bei diesen letzten Worten verneigte sich Andreas vor Metellus tief, dasselbe tat Johannes, von Schluchzen geschüttelt.

„Du kannst ihn retten, Du musst es tun!" Hatte Metellus diese Worte nicht schon einmal gehört? War es nicht die germanische Frau gewesen, die mit denselben Worten um das Leben ihrer beiden Söhne gefleht hatte? Nur wurde es Metellus sofort bewusst, dass für ihn die Situation dieses Mal ungleich schwieriger war. Während er damals volle Handlungsfreiheit hatte, war sie diesmal sehr beschränkt, denn die Entscheidung im Gerichtsverfahren über Leben und Tod hatte allein Pilatus. Wie also sollte er, Metellus, Jesus retten können? Metellus beschloss, den Dingen zunächst ihren Lauf zu lassen, über Möglichkeiten nachzudenken und bei Gelegenheit einzugreifen. „Was das betrifft, um was Ihr mich gebeten habt, ich will tun, was in meiner Macht steht. Aber sagt mir noch: Woher wusste man, wo sich Jesus in dieser riesigen Stadt, in der sich alles drängt, besonders jetzt, in der Zeit des Pascha-Festes, aufhält?" „Nicodemus hat es uns gesagt: Es war einer von uns, Judas Ischariot, der ihnen verraten hat, wo Jesus zu finden ist, nämlich im Garten Gethsemane außerhalb der Stadt", antwortete Andreas, während Johannes erneut in Tränen ausbrach. „Wenn dem so ist" überlegte Metellus, „dann ist nicht einmal auf die engste Gefolgschaft von Jesus unbedingter Verlass. Die Sache wird immer komplizierter". Metellus verabschiedete nun die beiden: „Geht, ich will sehen, was sich machen lässt." Sie verbeugten sich tief und gingen. Metellus blickte ihnen nach und sah, wie der Jüngere die Hände vors Gesicht schlug und bitterlich weinte. Schweigend legte ihm der Ältere den Arm um die Schultern.

Metellus ging langsam hinauf in seinen Raum. Was konnte er schon tun? Jesus verteidigen? Aber gegen welche Anklage? Und würde Pilatus ihn überhaupt anhören? Der sah es gar nicht gern, wenn sich Leute, die mit der Sache nichts zu tun hatten, in seine Angelegenheiten einmischten. Das einzige, was er, Metellus, an sachlichen Argumenten einbringen konnte, war, dass Jesus den Robustus geheilt hatte, der von den Ärzten schon aufgegeben war. Das war immerhin eine sehr positive Tat an einem römischen Soldaten und damit für den Imperator. Aber wann sollte er, Metellus, mit diesem Argument kommen und würde es überhaupt geeignet sein, eine Anklage zu entkräften? Plötzlich fiel ihm aber ein: Es gab doch einen aussichtsreichen Weg: Claudia. Mit ihr müsste er reden, und dies sobald wie möglich, denn viel Zeit dazu blieb ihm nicht. Um sich darüber Klarheit zu verschaffen, sah er in den Terminplan des Prokurators ein: Für den kommenden Vormittag waren einige Verwaltungsangelegenheiten eingetragen, eine Anfrage aus Rom über die Hinreise nach Jerusalem war zu beantworten und schließlich war noch ein Brückenbau zu besprechen. Außerdem war Pilatus kein Frühaufsteher und es war auch nicht zu erwarten, dass er eine Angelegenheit, die nicht unmittelbar die Sicherheit des Imperiums betraf, vorziehen würde. Und zudem erinnerte sich Metellus, dass Pilatus einmal zu ihm über Kaiphas, den Hohepriester, gesagt hatte: „Ich mag den Kerl nicht!" Pilatus würde daher Kaiphas kaum den Gefallen erweisen, alles andere zugunsten der Verhandlung liegen zu lassen. Es war also nicht damit zu rechnen, dass der Prozess schon am frühen Vormittag beginnen würde. Ein paar Stunden blieben ihm, Metellus, also noch, um mit Claudia zu sprechen. So gab er Befehl, ihn sehr zeitig zu wecken.

XXVI

Es war noch vor Sonnenaufgang, als Metellus geweckt wurde. Während er sich sorgfältig wusch und ankleidete, überlegte er, wie er es anfangen sollte, Claudia um Intervention für Jesus zu bitten. Viele Argumente standen ihm nicht zur Verfügung, das einzige, das ihm geeignet schien, war die Sache mit Robustus in Kapharnaum. Aber ohne ihn war nicht genug Glaubwürdigkeit gegeben, also musste Robustus mitkommen. Und am besten noch ein Zeuge, aber wer? Natürlich Celerus. Metellus ließ die beiden zu sich kommen und informierte sie kurz, worum es ging. Robustus sagte sofort zu, nach ihm gleich auch Celerus. Das nächste war eine heikle Sache: Würde Claudia sie überhaupt anhören? Noch dazu so früh? Metellus wagte den Versuch: Eine von Claudias Dienerinnen sagte ihm, die Herrin würde in Kürze mit dem Ankleiden beginnen. Metellus bat sie, ihrer Herrin seine Bitte um ein dringendes Gespräch in einer wichtigen Angelegenheit zu überbringen. Nach kurzer Zeit kam die Dienerin zurück: Ihre Herrin sei in etwa einer halben Stunde bereit, Metellus möge in der Laube auf sie warten. Dieser Platz, Claudias „Reich", hatte auf ihre Veranlassung in einer Pergola einen kleinen Tisch und einige Bänke erhalten und war mit verschiedenen Pflanzen schön geschmückt worden. Während Metellus mit Robustus und Celerus auf Claudia warteten, brachte eine Dienerin einen Korb mit frischem Obst. Robustus wollte sofort nach den Früchten greifen, aber Metellus gebot ihm, mit dem Essen auf Claudia zu warten.

Die halbe Stunde war gerade vorbei, da kam Claudia, rosa gekleidet. Es war einer der Stoffe, den sie vor einigen Tagen bei Nicodemus erstanden hatte und geschickte und flinke Hände hatten das schöne Gewand mit goldenem Gürtel gefertigt. Unwillkürlich kam Metellus ein Vergleich mit der Morgenröte in den Sinn, aber zum Träumen war jetzt keine Zeit. Metellus wollte nach der Begrüßung sofort sagen, worum es ging, aber Claudia kam ihm nach einem überraschten Blick auf den unberührten Korb zuvor: „Was ist mit Dir, Robustus, Du bist doch sonst immer so gut bei Appetit, wie ich höre?" Robustus ließ sich nicht weiter bitten und begann den Korb zu leeren. „Herrin, wir möchten Dich um Deine Hilfe bitten" begann Metellus nun zögernd. „Ihr um meine Hilfe? Aber ich verstehe nichts vom Kriegshandwerk, wie kann ich Euch helfen?" „Es geht nicht um Krieg, es geht um Gerechtigkeit. Wir bitten auch nicht für uns, sondern für einen Mann namens Jesus, der in Kürze vor Deinem Gemahl als Angeklagter stehen wird. Es droht ihm die Todesstrafe, aber er ist unschuldig. Mehr noch, er hat dem Imperator einen wertvollen Dienst erwiesen: Als wir nämlich noch in Kapharnaum waren, wurde er" und Metellus deutete auf Robustus, „durch einen Steinwurf am Kopf schwer verwundet. Die Ärzte konnten ihm nicht helfen, sie sagten, er würde bald sterben. Es gelang mir, diesen Jesus zu finden, von dem ich gehört hatte, dass er viele Kranke heilen konnte, und ich bat ihn, Robustus zu helfen. Er tat es und Robustus wurde wieder völlig gesund." „So ist dieser Mann ein Arzt?" fragte Claudia interessiert. „Nicht im eigentlichen Sinn. Siehe, wenn ein Arzt zu einem Verwundeten gerufen wird, dann prüft er zunächst die Wunde, reinigt sie dann, gibt heilsame Kräuter darauf und verbindet sie schließlich. Zumeist dauert es einige Wochen, bis die Wunde völlig verheilt ist, und dann verbleibt oft eine deutliche Narbe. Bei diesem Jesus aber war es ganz anders. Als ich ihn bat, Robustus zu heilen, brauchte er nicht einmal Robustus zu sehen, er blickte nur zum Himmel, sprach einige Worte, die ich nicht verstand, und zur selben Zeit wurde Robustus gesund und zwar völlig. Nicht einmal eine Narbe blieb zurück. Ich weiß" setzte Metellus nach einer kleinen Pause fort, „es klingt unwahrscheinlich, was ich Dir sage", und als er das zweifelnde Gesicht Claudias bemerkte, fügte er noch hinzu: „Aber Celerus kann es bezeugen." „Ja, Herrin, es war so, wie Metellus es Dir gesagt hat, Robustus war von den Ärzten aufgegeben und wurde plötzlich völlig gesund", bestätigte Celerus auf den fragenden Blick Claudias. Metellus setzte nach: „Dieser Jesus hat nicht nur Robustus geheilt, sondern auch viele, viele andere Menschen. Überall erzählt man sich davon. Er hat sogar einen Toten wieder zum Leben erweckt. Vor einigen Tagen hat mir einer aus der Mannschaft berichtet, er hätte in der Stadt Leute getroffen, die bei dieser Totenerweckung dabei gewesen waren. Angeblich spricht schon die ganze Stadt darüber!" Claudia schwieg eine kleine Weile und fragte dann: „Was wirft man diesem – wie heißt doch dieser Mann, der so viele geheilt haben soll – eigentlich vor, dass ihm der Tod droht?" Metellus bemerkte erfreut, dass Claudia die Sache zu interessieren begann. „Wir wissen es nicht genau, möglicherweise hat er sich mit einigen Führern der Juden überworfen, die sind sehr empfindlich." „Aber gegen den Imperator hat er nichts?" „Wir haben viel von ihm gehört, aber derartiges nicht." „Ich will sehen, was ich tun kann" beendete Claudia das Gespräch.

Am Weg zu ihren Gemächern setzte Claudia in Gedanken für sich fort: „Ich würde diesen Jesus, oder wie immer er heißt, gerne sehen. Das scheint ein merkwürdiger Mensch zu sein." Und plötzlich fiel ihr der seltsame Traum ein, den sie vorgestern Nacht gehabt hatte: Sie sah die Schlachtung eines Lammes, aber das hatte ein menschliches Gesicht und die Schlachtung geschah nicht in der üblichen Weise, sondern das Lamm wurde grausam zu Tode gequält, wobei sein Blut die umstehenden Menschen traf, auch Claudia. So sehr sie diese Art der Tötung ekelte, so wohl tat ihr das auf sie auftreffende Blut, sie fühlte sich seltsam befreit, leicht und schwerelos, glücklich und zufrieden. Als man dem Lamm endlich den Todesstoß versetzte, war Claudia mit einem Schrei erwacht. Pilatus, der neben ihr gelegen hatte, war erschrocken hochgefahren: „Was ist Dir, Claudia?" Sie hatte ihn beruhigt, sie fühle sich wohl, sie hätte nur Seltsames geträumt. Pilatus hatte nicht nach diesem Traum gefragt. Hätte er es getan, so hätte er sich gewundert, dass er soeben einen ähnlichen Traum gehabt hatte.

Als Claudia gegangen war, war für Metellus, Robustus und Celerus Zeit, sich auf den Wachdienst vorzubereiten, dessen Beginn in Kürze bevorstand, und bald würde auch die Verhandlung anfangen. Der Wachdienst sah vor, dass Metellus und seine Abteilung den Prokurator begleiten mussten, sie würden also bei diesem Prozess dabei sein.

Claudia aber ließen die Gedanken an ihren Traum nicht los. Sie ließ eine ihrer Dienerinnen kommen, von der sie wusste, dass sie aus Ägypten stammte und von der man sagte, sie könne Träume deuten. Aber als ihr Claudia den Traum erzählt hatte, konnte die Dienerin nur sagen, dass das Geträumte vermutlich bedeute, dass der Tod des Lammes – oder der Tod eines Menschen? – für viele andere Menschen Gutes bedeuten könne, mehr wäre für sie aus dem Traum nicht zu erkennen. Claudia war etwas enttäuscht, gab aber Anweisung, man solle sie benachrichtigen, sobald die Verhandlung vor Pilatus begonnen hätte. Sie wollte sich diesen seltsamen Wunderheiler ansehen und schließlich hatte sie Metellus versprochen, nach Möglichkeit zu helfen.

XXVII

Pilatus hatte gerade gefrühstückt, als ihm die Nachricht gebracht wurde, die obersten Priester der Juden ersuchten um die Durchführung eines Strafprozesses in einer Sache, die seiner Bestätigung bedürfe, da die Todesstrafe im Raum stehe. Es sei dringend, fügte man hinzu. Pilatus, der solche Gerichtsverhandlungen nicht mochte, dachte aber nicht daran, sein Arbeitsprogramm für die nächsten Stunden umzustoßen und widmete sich daher zuerst den alltäglichen Beschäftigungen, die Antragsteller, die den Prozess so dringend wünschten, ließ er warten. Erst als ihm schließlich die dauernden Bitten, mit der Verhandlung doch endlich zu beginnen, zu lästig wurden, begab er sich im Vorhof auf den Richterstuhl, begleitet von Metellus und seiner Garde, und gab den Befehl, ihm den Angeklagten vorzuführen. Inzwischen ließ er sich kurz berichten, was man dem vorwerfe: Aufwiegelung, Stellungnahmen gegen den Kaiser und die Steuern, Beleidigung der geistlichen Führerschaft, Tätlichkeiten im Tempel, Sachbeschädigung, Verteidigung einer Ehebrecherin und anderes mehr. Das schien also ein ganz übler Bursche zu sein, über den er nun das Urteil sprechen sollte. Groß war dann seine Überraschung, als man den Angeklagten vor ihn geführt hatte: Ein Mann von etwas mehr als mittlerer Größe, etwa 35 Jahre alt, schlank, aufrecht, und mit einigen Spuren erlittener Misshandlungen, die aber die edlen Züge des Gesichtes nicht verdeckten. Und dieses Gesicht kam Pilatus irgendwie bekannt vor, aber er konnte sich nicht erinnern, wieso. Hätte er Claudia darüber fragen können, sie hätte ihm sofort einiges dazu zu sagen gehabt und vielleicht hätte er sich dann schon jetzt an einen vor einigen Tagen gehabten Traum erinnert.

Am wenigsten begreiflich war jedoch, dass sich dieser Mann vor ihm so ganz anders verhielt, als alle Angeklagten, die bisher vor Pilatus standen. Da hatte es einige gegeben, die ihm, dem Prokurator und Richter, ihren Hass entgegenschleuderten, und wären sie nicht gefesselt und bewacht gewesen, sie hätten sich auf ihn gestürzt. Andere bestritten verzweifelt die ihnen zur Last gelegten Taten, wieder andere flehten in Anbetracht der Ausweglosigkeit ihrer Lage demütig um Gnade. Der aber, der jetzt vor ihm stand, benahm sich so, als ginge ihn das Ganze überhaupt nichts an. Und der, ausgerechnet der, sollte all das begangen haben, was man ihm vorwarf? Nun, die Verhandlung würde es zeigen. Nach der formellen Bestätigung, dass der vor ihm Stehende wirklich der Beschuldigte sei, ließ Pilatus die Ankläger ihren ersten Vorwurf vorbringen. Kaiphas, der Oberpriester, begann wortreich zu begründen, dass Jesus die Massen aufwiegle, was natürlich gegen den Kaiser gerichtet sei. Getreu dem Grundsatz: „et altera pars audiatur" fragte Pilatus den Angeklagten, was er dazu zu sagen hätte, erhielt aber keine Antwort. Pilatus meinte, Jesus hätte vielleicht nicht alles gehört oder nicht richtig verstanden und fragte daher den vor ihm Stehenden: „Hörst Du denn nicht, wie schwere Vorwürfe gegen Dich erhoben wurden?" Aber wieder schwieg der Angeklagte. Kopfschüttelnd wollte Pilatus schon zum nächsten Anklagepunkt übergehen, da fühlte Metellus, der neben Pilatus stand, seine Stunde für gekommen: „Herr, lass Dir bitte dazu etwas sagen: Als ich noch in Kapharnaum war, wurde er" und Metellus deutete auf Robustus, „durch einen Steinwurf am Kopf schwer verwundet. Die Ärzte konnten ihm nicht helfen, er lag schon im Sterben, da hat ihn jener" und jetzt deutete Metellus auf Jesus, „gesund gemacht. Wie kann einer, der dem Kaiser einen seiner besten Soldaten vor dem sicheren Tod rettet, sich gegen den Kaiser wenden?" „Ist er denn ein Arzt?" fragte Pilatus und Metellus antwortete wie auf die gleiche Frage von Claudia: „Er ist mehr als ein Arzt: Ein Arzt verwendet allerlei Hilfsmittel, Kräuter, Verbände, Instrumente und so weiter. Er", und Metellus zeigte wieder auf Jesus, „er brauchte das alles nicht. Robustus wurde geheilt, völlig und ohne Folgen aus der Verletzung und vor allem plötzlich. Ich weiß, es klingt unwahrscheinlich, was ich Dir sage, aber Celerus war dabei, er kann es bestätigen." Auf den fragenden Blick von Pilatus nickte Celerus: „Ja, Herr, es war genauso wie Metellus es Dir geschildert hat. Und solltest Du noch Zweifel haben, so frage nach im Lager bei Kapharnaum, von wo Du Metellus, Robustus und mich geholt hast. Dort und auch im Spital in Kapharnaum, wohin man den tödlich verletzten Robustus gebracht hat, weiß jeder, was sich zugetragen hat und wird Dir bestätigen, was Dir Metellus berichtet hat." Pilatus erkannte, dass dieser Prozess anders verlief als alle anderen bisher und begann, sich für den Angeklagten zu interessieren. „Was hast Du dazu zu sagen?" fragte er Jesus, aber dieser schwieg wie bisher, nur schien es Pilatus, als hätte der vor ihm Stehende bei der Stellungnahme, die Metellus abgab, ein wenig gelächelt. Da die Ankläger zu den Argumenten der Verteidigung nichts Wesentliches vorzubringen hatten, entschied Pilatus auf ein „Unschuldig in diesem Anklagepunkt" und ging zum nächsten Anklageabschnitt über. Da beschuldigten Kaiphas und seine Leute Jesus, er hätte sich gegen an den Imperator zu entrichtende Steuern ausgesprochen. Metellus erschrak, denn er wusste, dass Pilatus auf diesem Gebiet kein Pardon kannte, noch dazu hatten die Ankläger zwei Zeugen mitgebracht. Aber als diese vernommen wurden, verwickelten sie sich in Widersprüche. Als Pilatus dennoch auf diesen Anklagepunkt weiter einging, verteidigte Jesus sich auch dazu nicht. Dafür kam die Verteidigung von einer Seite, von der sie niemand erwartet hatte: Es meldete sich einer aus Metellus' Abteilung, der sonst nie den Mund auftat und daher den Namen

„Mutus", der Stumme, trug: „Herr, dieser Vorwurf kann nicht stimmen. Als ich nämlich vor einiger Zeit nach Galiläa geschickt wurde, sah ich dort jenen, der jetzt vor Dir steht. Man fragte ihn, ob es erlaubt sei, dem Kaiser Steuern zu zahlen. Er antwortete, man solle dem Kaiser geben, was des Kaisers sei. Livius war dabei, er kann Dir bestätigen, dass es wahr ist, was ich Dir gesagt habe." Livius wartete gar nicht erst ab, gefragt zu werden: „Ja, Herr, auch ich habe gehört, dass jener" und er deutete auf Jesus, „gesagt hat, man solle dem Kaiser geben, was ihm zusteht." Das genügte Pilatus: „Unschuldig in diesem Punkt der Anklage" entschied er und sah, wie sich Kaiphas auf die Lippen biss, denn der hatte einen anderen Verlauf des Prozesses erhofft. Auch mit seinem nächsten Anklagepunkt, der Verteidigung einer Ehebrecherin, kam er bei Pilatus nicht durch. Als der nämlich auf seine Frage, warum man ihm die Ehebrecherin nicht vorgeführt habe, keine befriedigende Antwort erhielt, brach er die Verhandlung ab und vertagte sie auf den nächsten Tag. Damit wollte Pilatus Zeit gewinnen, um sich über diesen merkwürdigen Angeklagten besser informieren zu können, und da kam ihm gelegen, dass man ihm mitgeteilt hatte, der Angeklagte stamme aus Galiläa und falle daher auch unter die Gerichtsbarkeit des Königs Herodes. So ließ er Jesus zu Herodes, dem Tetrarchen von Galiläa, schicken, von dem Pilatus wusste, dass er sich in Jerusalem aufhielt. Außerdem hatte Pilatus eine Nachricht erhalten, die ihm zu denken gab und ihn an einen kürzlich gehabten Traum erinnerte.

XXVIII

Währenddessen ließ es Claudia keine Ruhe. Was hatte es mit diesem Jesus auf sich, den man zu Tode bringen wollte, der aber – Metellus war ja zu glauben – nichts gegen den Imperator getan, vielmehr ihm einen beachtlichen Dienst erwiesen hatte? Dass Metellus sich für ihn einsetzte, war daher nur zu logisch, aber wie sollte sie, Claudia, ihm helfen? Und dann ging ihr auch der Traum, den sie kürzlich gehabt hatte, nicht aus dem Sinn. Zwar konnte ihre Dienerin, die sich auf Traumdeutung verstand, den Traum für Claudia nicht genügend deuten, aber vielleicht käme mehr Klarheit in die Sache, wenn sie diesen Jesus sähe. So ließ sie fragen, ob sie bei dem Prozess gegen Jesus dabei sein könne. Man teilte ihr mit, eine direkte Teilnahme an der Verhandlung sei nicht gut möglich, aber die Gerichtssitzung fände im Vorhof statt und von einem Fenster aus könne sie alles sehen. Claudia gab nun Anweisung, sie sofort nach Beginn der Verhandlung dorthin zu führen. Es vergingen fast zwei Stunden, bis eine Botin kam und mitteilte, die Gerichtssitzung habe soeben begonnen. Man führte sie zum besagten Fenster, das im ersten Obergeschoß der Burg lag, von dort konnte Claudia tatsächlich fast den gesamten Vorhof überblicken. Schräg unter ihr sah sie ihren Gemahl sitzen und vor ihm stand, bewacht von zwei Soldaten, ein Mann. Er hielt den Kopf leicht gesenkt, aber als er einmal etwas zu jener Seite blickte, von der Claudia zusah, konnte sie sein Gesicht plötzlich deutlich sehen. Vor Überraschung stieß sie einen Schrei aus – es war das Gesicht, das sie im Traum am Kopf des Lammes gesehen hatte. Erschrocken sprang die Dienerin, die Claudia begleitet hatte, herbei, in der Meinung, ihrer Herrin sei etwas zugestoßen. Aber die verlangte nur nach Schreibzeug: „Schnell, schnell!" Es schien Claudia endlos, bis die Dienerin mit dem Gewünschten kam. Eilig kritzelte Claudia eine Botschaft an ihren Mann auf Griechisch, es musste ja nicht jeder gleich wissen, was sie ihrem Gemahl zu sagen hatte: „Ich bitte Dich, lass' die Finger von diesem Unschuldigen, ich habe im Traum sein Gesicht gesehen und viel darunter gelitten!" Sie gab diese Mitteilung an die Dienerin mit dem strengen Auftrag, dafür zu sorgen, dass diese Botschaft sofort zu Pilatus gebracht werde. Vom Fenster konnte sie dann auch sehen, dass ein Soldat Pilatus ihre Mitteilung übergab, dieser sie las, einen Moment überrascht schien und dann das Schreiben in eine Tasche seines Gewandes steckte. Und es schien Claudia, als hätte dieser Jesus, der vor Pilatus stand, leise gelächelt, so, wie ein Erwachsener lächelt, wenn er sieht, wie ein kleines Kind vergeblich versucht, eine Fahne gegen den Wind auszurichten. Sie sah immer wieder auf Jesus hin und sein Anblick verlieh ihr ein eigenartiges

Glücksgefühl. Sie erinnerte sich, ein ähnliches Gefühl im Traum gehabt zu haben, als sie vom Blut des Lammes getroffen wurde. Und auf einmal erkannte sie: Wenn dieser Jesus den Robustus hatte heilen können und das noch dazu auf so eigenartige Weise, ohne zu ihm hingehen zu müssen, wenn dieser Mann sogar einen Toten hatte auferwecken können, wie es ihr Metellus berichtet hatte, dann war er sicher auch fähig, ihr den heißesten Wunsch zu erfüllen, den sie hatte: Sie war nun schon vier Jahre mit Pilatus verheiratet, aber die Ehe war bisher kinderlos geblieben und sie sehnte sich so nach einem Kind. „Jesus" flüsterte sie, „Jesus, hörst Du mich?" Es schien ihr, als hätte Jesus den Kopf leicht zu ihrer Seite geneigt, so, als wolle er sie besser hören. „Jesus, Du kennst meinen größten Wunsch: Ich hätte so gerne ein gesundes Kind, auch mein Mann Pontius wünscht es sich. Jesus, ich bitte Dich, lass uns ein Kind haben!" Hatte sie sich getäuscht, oder hatte Jesus nach oben geblickt und dann leicht genickt? Sollte also ihre Bitte erfüllt werden? Da wurde Claudia bewusst, dass es ihr noch vor kurzem unmöglich schien, Metellus seine Bitte zu erfüllen, aber gerade zuvor konnte es doch geschehen: So würde er, Jesus, der einen fast Toten heilen und Tote erwecken konnte, sich erst recht nicht ihrem Wunsch versagen.

XXIX

Pilatus wollte Zeit gewinnen, Zeit, um zu überlegen wie es mit diesem Jesus weitergehen solle. Längst hatte er erkannt, dass es im Interesse Roms war, wenn dieser seltsame Angeklagte am Leben und in Freiheit blieb, denn von Taten gegen den Imperator war nichts bekannt, seine Stellungnahme zur Steuer war eindeutig und die Heilung eines tödlich verwundeten römischen Soldaten war keine Kleinigkeit. Aber Pilatus schien es noch bedeutsamer, dass dieser Jesus geeignet war, in der Bevölkerung Judäas eine neue Bewegung zu schaffen, die im Konflikt mit der dortigen Obrigkeit stand. Würde das Volk, über das Pilatus zu herrschen hatte, uneins, so würde es für ihn, Pilatus, leichter werden: ‚Divide et impera!'. Wie aber sollte er es anfangen, Jesus freizubekommen, ohne sich den Vorwurf zuzuziehen, in ein schwebendes Gerichtsverfahren zugunsten des Angeklagten parteiisch eingegriffen zu haben? Von Herodes war wohl keine Hilfe für diesen Jesus zu erwarten, zu sehr war der König von Rom abhängig, um ohne Zustimmung von Pilatus entscheidend tätig zu werden. Viel eher würde Herodes den Jesus verurteilen, vielleicht sogar zum Tode, und das wäre aus seiner, Pilatus', Sicht nicht im Interesse Roms. Was also tun? Pilatus beschloss, zunächst beim Mittagessen mit Claudia zu sprechen. Sie hatte ihm ja geschrieben, vielleicht wusste sie mehr.

Beim Essen kam Claudia ungefragt gleich auf diese Sache zu sprechen und erkundigte sich nach dem Verlauf des Prozesses. Pilatus berichtete kurz: Freispruch in zwei gravierenden Anklagepunkten, Vertagung auf morgen Vormittag, Jesus zu Herodes geschickt. „Was soll er dort?" fragte Claudia verwundert. „Vielleicht ergibt sich dort eine Möglichkeit" antwortete Pilatus, ohne selbst zu wissen, was er damit meinte. „Ich werde das mit meinen Ratgebern besprechen" fügte er hinzu.

Das geschah gleich nachher. Außer Metellus und einigen anderen wurde auch ein Berater in religiös-politischen Angelegenheiten beigezogen. Sein Rat war, man müsse mehr über Jesus' politisch-religiöse Einstellung herausbringen. Aber wie? Metellus erinnerte sich, in der Nacht von den beiden Besuchern den Namen Nicodemus genannt bekommen zu haben, mit der Bemerkung, der sei ein Freund des Jesus. „Nicodemus, der Tuchhändler?" rief Pilatus erfreut, „der war doch erst vor ein paar Tagen da und hat mich einiges Geld für Claudias neue Kleider gekostet!" „Umso besser" meinte der Ratgeber, „da wird er auf Fragen leichter Antwort geben." Kurz entschlossen schickte Pilatus den Ratgeber zu Nicodemus, um Auskunft einzuholen. Der Mann kam nach etwa zwei Stunden wieder zurück und konnte ausführlich über Jesus berichten: Geboren in Bethlehem, aber aufgewachsen in Nazareth als Sohn einer angesehenen Handwerkerfamilie. Schon frühzeitig für hohe Intelligenz aufgefallen, seit einiger Zeit unterwegs als Wanderprediger, bekannt mit Johannes, den Herodes hatte hinrichten lassen, sehr erfolgreich in vielen Krankenheilungen bis hin zur Wiedererweckung von Toten, wie zuletzt vor einigen Tagen in Bethanien, also in der Nähe Jerusalems, kürzlich von dort kommend in Jerusalem eingezogen, begleitet von einer großen Menschenmenge, die ihn als ihren König feierten. Teilweise deckte sich das mit dem, was man in der Burg schon wusste. Aber der Ratgeber berichtete noch mehr: Jesus sei mehrmals in Wortgefechte mit jüdischen Geistlichen verwickelt worden, in denen er in seiner Wortwahl mit ihnen nicht zart umgegangen wäre. Da seine Anhängerschaft immer größer würde, befürchte man eine Machtspaltung und beschloss, gegen ihn gerichtlich vorzugehen. Daher sei Jesus in der Nacht auf heute festgenommen und von den obersten Priestern verhört worden. Dabei hätte er sich als Gottes Sohn bezeichnet, was nach den jüdischen Glaubensgesetzen eine Gotteslästerung bilde, auf die bei den Juden die Todesstrafe stehe.

Nun war es Pilatus klar, woher der Wind blies: Es war also tatsächlich so, wie er es vermutet hatte: die örtliche Oberpriesterschar fürchtete um ihre Macht. Damit wurde das Problem aber nicht einfacher, denn Pilatus' Verhältnis zur hiesigen Priesterschaft war ohnedies schon gespannt, eine Freilassung Jesus' würde dieses Verhältnis weiter belasten.

Dazu kam die Tatsache, dass Jesus sich als König bezeichnen ließ – eine diesbezügliche Information hatte er, Pilatus, ja schon erhalten – was nicht zu vereinbaren war mit dem alleinigen Herrschaftsanspruch des Imperators. Die Ankläger würden das sicher vorbringen, der Anklagepunkt ‚Stellungnahme gegen den Kaiser' ließ mit einiger Wahrscheinlichkeit darauf schließen. Was also tun?

Pilatus entließ seine Ratgeber, um allein nachzudenken: Eines war ihm klar: Er, Pilatus, musste selbst etwas tun, aber was? Er wollte eine Stunde ruhen, aber er fand keinen Schlaf, die Sache mit diesem Jesus ließ ihn nicht los. Es war ihm klar, dass die vorgebrachten Anklagegründe nur ein Vorwand waren. Dahinter standen zahlreiche Motive, gekränkte Eitelkeit, Angst um eigene Pfründe, Rachsucht, Konkurrenzdenken und sicherlich auch viel religiöser Fanatismus. Das allein war schon ungewöhnlich, denn in der Regel brachte man Räuber, Mörder oder andere Schwerverbrecher vor ihn, Pilatus. Aber noch mehr beschäftigte ihn die Art und Weise, wie sich der Angeklagte verhielt. So etwas hatte Pilatus noch nicht erlebt. Da musste etwas dahinter stehen, aber er fand trotz allem Nachdenken keine Lösung. Als man ihn nach einer Stunde wecken wollte, war er noch hellwach. Enttäuscht fing er erneut an, über das anstehende Problem mit diesem Jesus zu grübeln, da, es war schon fast dunkel geworden, wurde ihm gemeldet, König Herodes bäte um ein dringendes Gespräch. Pilatus war zunächst überrascht, denn um den üblichen Höflichkeitsbesuch konnte es sich nicht handeln, der hatte ja längst, gleich nach Pilatus' Ankunft in Jerusalem, stattgefunden. König Herodes war Pilatus nicht sympathisch und Pilatus hatte das sichere Gefühl, dass auch Herodes so empfand. Was also konnte der Grund sein, dass Herodes ihn so dringend zu sprechen wünschte? Eine Verwaltungsangelegenheit? Nein, mit so etwas befasste sich Herodes kaum. Also was sonst? Natürlich, das war es: Schon wieder dieser Jesus! Offenbar kam Herodes mit diesem seltsamen Mann aus Galiläa ebenso wenig zurecht wie er, Pilatus, selbst. Aber vielleicht wusste Herodes mehr? Es konnte also nicht schaden, mit ihm zu reden, schon um möglichst zu vermeiden, dass der König ein Todesurteil über Jesus fällen würde. Pilatus ließ Herodes daher bestellen, er könne gleich kommen.

Inzwischen war Metellus mit dem bisherigen Verlauf der Dinge nicht unzufrieden. Der Umstand, dass man Jesus zu Herodes geschickt hatte, brachte ihn nämlich auf einen Gedanken, wie er sein Versprechen, sich für Jesus einzusetzen, einlösen könnte. Wie wäre es, wenn man Jesus einfach entkommen ließe oder auf sonstige Weise befreite? Zwar war an ein solches Unternehmen nicht zu denken, solange Jesus in der Gewalt der Mannschaft des Pilatus war. Aber bei Herodes, da ließ sich vielleicht etwas machen. In seinem kleinen Raum, den er in der Burg bezogen hatte, überlegte Metellus, wie er es anfangen könne. Gewalt sollte man nicht anwenden, denn es wäre nicht klug, im ohnehin schon gefährlichen Jerusalem sich auch noch mit den Leuten des Herodes anzulegen. In Frage kam also nur entweder eine List oder das Geld. Metellus begann in dem Versteck, wo er seine Ersparnisse verwahrt hatte, zu zählen. 17 Goldmünzen, 63 Silbermünzen, den Rest konnte man vergessen. Mit diesem Kapital war es nicht unwahrscheinlich, dass man eine Person bestechen konnte, vielleicht auch zwei, aber für mehr reichte es nicht. Metellus überlegte, wie viele Personen in Frage kämen. Zunächst die Torwache, das waren zumindest zwei Leute, dann jemand, der ihn zum Gefangenen führen müsste, und schließlich auch noch die Bewachung des Gefangenen. Das ergab in der Summe zumindest vier Leute. Allein mit Bestechung ging es also nicht, es musste eine List herhalten. Aber welche? Metellus streckte sich auf seinem Lager aus, um nachzudenken. Unversehens schlief er ein.

XXX

Herodes schien nur auf Pilatus' Antwort gewartet zu haben, denn nach einer knappen halben Stunde war er schon da. Pilatus bot ihm höflich den Platz gegenüber an und der massige, mit Schmuck schwer behangene Mann ließ sich in die Polster fallen. Pilatus hatte Früchte, erfrischende Säfte und Wein bereitstellen lassen, aber zu Pilatus' Überraschung griff Herodes, der ansonsten kein Kostverächter war, nicht zu.

Nach Austausch der üblichen Höflichkeitsformeln entstand eine kleine Weile Schweigen zwischen den Männern und als Herodes nicht mit der Sprache herausrückte, trieb Pilatus ihn mit der Frage „Nun, Herodes, was hast Du mir zu berichten?" zur Sache. Herodes begann zögernd: „Es handelt sich um eine delikate Angelegenheit." Pilatus schickte die Diener fort, er würde rufen, wenn er etwas brauche.

Wieder eine Pause. „Nun?" forderte Pilatus seinen Gesprächspartner erneut auf. Plötzlich begann dieser rasch und aufgeregt zu reden: „Pilatus, Du hast mir diesen Jesus geschickt. Kaiphas und seine Leute wollen, dass er zum Tod verurteilt wird. Er soll aber Wundertaten da und dort verbracht haben. Gelähmte sollen gehend geworden sein, Blinde sehend, Taube hörend, Dutzende Kranke soll er geheilt und sogar Tote zum Leben erweckt haben. Man hat mir berichtet: Vor wenigen Tagen wäre in Bethanien ein gewisser Lazarus gestorben. Der wäre schon einige Tage im Grab gelegen, die Verwesung hätte schon eingesetzt und dennoch soll ihn dieser Jesus wieder lebendig gemacht haben. Hunderte Leute hätten das gesehen, in ganz Jerusalem spricht man davon. Und für diesen Mann soll ich es auf mich nehmen, dass er getötet wird? Bin ich nicht schon einmal in eine solche Falle gestolpert, als ich diesen Johannes – Du weißt, dieser Mann, der da in der Gegend des Jordan hauste, die Leute mit Wasser begoss und ihnen auftrug, umzukehren – als ich also diesen Johannes infolge eines achtlos gegebenen Versprechens köpfen lassen musste, weil ich eine Schlange zur Tochter hatte?

Pilatus unterbrach: „Wir wollen hier nicht darüber reden".

Aber Herodes war nicht zu stoppen: „Er, Jesus, hat mir seine Verachtung gezeigt. Kein Wort hat er gesprochen, wie ich ihm die Anklage vorgetragen habe. Und mehr noch: Nichts an Wundern hat er mir gezeigt! Tausende haben seine Wundertaten gesehen, mit ein paar Broten und Fischen hat er ein ganzes Heerlager voll Menschen satt gemacht! Und für mich – für mich, den König – da hat er nicht ein einziges Wunder vorgeführt! Eine Handvoll Silbermünzen habe ich ihm hingelegt, ich habe ihm gesagt, er solle daraus Goldmünzen machen, dann könne er sie behalten, das würde doch seine Lage erleichtern. Was glaubst Du, Pilatus, was geschah? Nichts, nichts, nichts! Die Silbermünzen blieben so, wie ich sie ihm hingelegt hatte. Nur angesehen hat er mich, dauernd hat er mich angesehen, und seine Augen waren so traurig, er brauchte es gar nicht zu sagen: „Herodes, Du Ehebrecher, Du Mörder!"

Pilatus unterbrach wieder: „Herodes, das ist Deine und Deiner Gesetze Angelegenheit. Es ist keine Sache für den Kaiser in Rom."

Herodes schwieg eine Weile. „Pilatus, Du hast recht, dieser Jesus hat mich beleidigt und nicht Deinen Kaiser." Als Pilatus ihn anblickte, verbesserte sich Herodes sofort: „Unseren Kaiser. Dieser Jesus mag sich gegen die von Kaiphas und seinen Leuten praktizierten Sitten vergangen haben, aber das ist in meinen Augen kein Grund, ihn zu töten. Tausende sind ihm schon gefolgt und jetzt, nach dieser spektakulären Totenerweckung des Lazarus, werden es noch mehr werden. Und die soll ich mir alle zum Feind machen, wenn ich diesen Jesus töten lasse? Pilatus, das kannst Du nicht von mir verlangen!"

„Wenn ich ihn aber freispreche, habe ich Kaiphas und seine Leute zum Feind" antwortete Pilatus.

Etwas zögernd kam es von Herodes: „Pilatus, ich meine, wir müssten beide danach trachten, um eine Entscheidung herumzukommen."

„Das käme mir gar nicht ungelegen", dachte Pilatus bei sich, sagte aber nur kurz: „Was meinst Du damit?"

Nach einer kleinen Pause raunte Herodes leise: „Wie wäre es, wenn Du diesen Jesus ...." und Herodes machte eine Handbewegung, als wolle er etwas kurz ergreifen und dann wegwerfen.

Pilatus verstand ihn sofort. Wenn Jesus entkam, war Pilatus der Entscheidung enthoben, und Herodes auch. Pilatus überlegte: Jesus befand sich momentan in der Gewalt des Herodes. Wenn er von dort entkäme, würde kein Verdacht auf Pilatus fallen, selbst wenn er oder seine Leute im Geheimen mitgewirkt hätten. Den Rest müsste Herodes ausbaden, aber wenn er glaubhaft sagen könnte, auch er hätte mit der Sache nichts zu tun, so käme auch er gut davon. Aber wie das Ganze anfangen?

„Herodes, ich will mir die Sache überlegen. Ich werde Dir eine Nachricht zukommen lassen." Herodes begriff, dass momentan nicht mehr zu erreichen war und verabschiedete sich höflich.

„Na also, mit diesem Römer kann man doch ganz gut reden", dachte er, als er am Heimweg war.

Als er fort war, kam es Pilatus in den Sinn, dass er nie im Leben geglaubt hätte, dass er und Herodes jemals in einer wichtigen, aber vertraulichen Angelegenheit gemeinsame Sache machen würden.

XXXI

Als Metellus erwachte, war es schon dunkel. In etwa zwei
Stunden sollte er mit seiner Mannschaft die Wache übernehmen
und noch war ihm nicht klar, wie man es anfangen solle, Jesus
frei zu bekommen. Da fiel ihm ein, was ihm sein Vater für solche Situationen geraten hatte: „Wenn Du Dir keinen Rat weißt,
so besprich die Sache mit einer Person Deines Vertrauens. Im
Gespräch lässt sich so manches klären." Kurz entschlossen ließ
Metellus Robustus rufen. Der Lange kam an, wie fast immer
kauend, ein Stück Brot noch in der Hand. Metellus übersah es
und bat Robustus, neben ihm auf dem Bett Platz zu nehmen.
Als Robustus, etwas erstaunt, dieser Aufforderung gefolgt
war, saßen beide Männer ganz nahe beieinander, so, als wollte
sich das Vertrauen, das sie ineinander hegten, durch die Nähe
ausdrücken. Metellus begann ohne Umschweife zu flüstern:
„Robustus, ich hätte es gerne, wenn dieser Jesus freikäme".
„Ich auch" antwortete Robustus unverblümt und ebenso leise.
„Ich habe darüber nachgedacht, wie man es anfangen soll. Mit
Gewalt können wir es nicht machen, für Bestechung haben wir
nicht genügend Geld. Was also sollen wir tun? Hast Du einen
Vorschlag, Robustus?" Metellus spürte förmlich, wie Robustus
überlegte. „Es tut mir leid, Metellus, aber mir fällt dazu nichts
ein," raunte er nach einer Weile, „aber wenn ich könnte, ich
würde ihn auf meinen Händen aus dem Palast des Herodes her-
austragen." „Das würde man aber sehen" meinte Metellus,
ohne die Worte Robustus' ernst zu nehmen. „Ich würde ihn unter meinen Mantel nehmen", präzisierte Robustus seine vorige
Aussage. Unter seinen Mantel nehmen, nein, das ging nicht,
das würde man selbst bei Robustus merken, dachte Metellus.
Aber wie wäre es, wenn der Mantel jemand anderem gehörte....? Ja, das war es!!! „Robustus, Du bist Goldes wert!" rief
Metellus und sprang auf vor Freude. „Wieso, wo ist das
Gold?" fragte Robustus verständnislos. Metellus erklärte ihm
seinen Plan: Eine Gruppe von fünf, sechs Mann müsste sich unter einem Vorwand Zugang zum Gefangenen verschaffen, aus-
gerüstet mit Uniformstücken für einen zusätzlichen römischen

Soldaten. Diese Kleidung müsste Jesus anlegen und so verkleidet die Wachen passieren. Notfalls könnte man mit Bestechung oder, wenn es nicht anders ging, mit etwas Gewalt nachhelfen. Wahrscheinlich würden die verschlafenen Wachen aber gar nicht merken, dass bei der Mannschaft, die da das Tor passierte, ein Mann mehr hinausging als hereingekommen war. Robustus hörte begeistert zu, erklärte sich sofort bereit, bei dem Unternehmen mitzumachen und versprach auch, Celerus und noch drei andere aus der Mannschaft für das Unterfangen anzuwerben. „Sag ihnen einstweilen noch nicht genau, worum es geht", riet Metellus, „sprich nur von einem geheimen und nicht ungefährlichen Unternehmen. Wer mitgeht, macht es freiwillig, niemand soll gezwungen werden. In der Zwischenzeit will ich zu Pilatus gehen, denn ohne sein Einverständnis geht es nicht. Wir treffen einander hier wieder." Robustus verschwand und Metellus machte sich auf den Weg zu Pilatus.

Der schien fast auf ihn gewartet zu haben. „Ich brauche Deinen Rat, Metellus", empfing er den Centurio, nötigte ihn, dort Platz zu nehmen, wo kurz zuvor Herodes gesessen hatte und schob Metellus die Früchte und Getränke hin, die noch auf dem Tisch standen. Dankbar griff Metellus zum erfrischenden Fruchtsaft und nahm einige kräftige Schlucke. Währenddessen lehnte sich Pilatus zurück in die weichen Polster, sodass man sein Gesicht im Schein der Öllämpchen, die man auf einem Leuchter vor Pilatus hingestellt hatte, kaum mehr sehen konnte. „Herr, Du wolltest etwas mit mir besprechen" fragte Metellus den Statthalter. „Sprich Du zuerst, Metellus" kam es aus den Polstern, und so begann der Centurio ohne Umschweife sein Anliegen vorzutragen: „Herr, ich kann es nicht mit ansehen, wie sie diesen Jesus von Nazareth umbringen wollen. Dieser Mensch hat so viel Gutes getan, dass er eigentlich belohnt und nicht bestraft werden sollte. Wie Du weißt, hat er auch dem Kaiser einen großen Dienst erwiesen, denn Robustus war – und ist – des Kaisers Soldat." Pilatus nickte so deutlich, dass man es auch in den Polstern sehen konnte. „Was soll also geschehen?" Metellus erklärte ihm seine Idee. „Das läuft ja großartig", dachte Pilatus bei sich, „ich zerbreche mir vergebens den Kopf, um eine Lösung zu finden und dieser Mann kommt mit einem fertigen PIan, der mir gar nicht so übel zu sein scheint." Pilatus überlegte: Was konnte passieren? Im günstigsten Fall fiel das ganze Unternehmen niemandem auf und Jesus war frei. Herodes wüsste natürlich von nichts und würde wahrscheinlich die Anhänger des Jesus für diese Befreiung verantwortlich machen, Kaiphas würde sich dann auf der Suche nach den Tätern totlaufen. Sollte man aber – etwa aufgrund der Auskunft der Torwache – die Gruppe römischer Soldaten verantwortlich machen, so würde er, Pilatus, seinen Leuten ein Alibi geben. Pilatus richtete sich auf und griff zur Diensteinteilung der Wachen: In etwas mehr als einer Stunde sollten Metellus und seine Leute den Dienst antreten. Sollte man also vorbringen, dass man Metellus oder einen aus seiner Mannschaft erkannt habe, so könnte er, Pilatus, sagen, dies sei aufgrund der Diensteinteilung unmöglich. Es wäre nur zu organisieren, dass Metellus und seine kleine Gruppe die Wache tauschten. Dafür würde er, Pilatus, nur ein paar Worte brauchen, aber noch besser wäre es, wenn Metellus das selbst machen würde, denn dann könnte er, Pilatus, für den Fall des Falles immer noch sagen, ein Wachetausch sei ungewöhnlich und ohne seinen Befehl gar nicht möglich.

Was aber, wenn die Torwache den verkleideten Jesus bemerkte? „Wen willst Du mitnehmen?" fragte Pilatus. „Robustus geht sicher mit, wahrscheinlich auch Celerus, und noch zwei, drei tüchtige Leute." Wenn dem so war, dann konnte sich die Gruppe auf eine kleine bewaffnete Auseinandersetzung ruhig einlassen. Robustus allein nahm es sicher mit einer ganzen Torwachemannschaft auf, und auch für diesen Fall konnte Pilatus immer noch seinen Leuten ein Alibi verschaffen. Es waren dann eben als Römer verkleidete Unbekannte gewesen.

„Metellus, ich kann Dir keine schriftliche Vollmacht mitgeben, denn wenn ich Dich und Deine Leute später gegen allfällige Vorwürfe decken soll, dann darf ich von nichts wissen, verstehst Du? Du kannst den Leuten der Torwache aber sagen, dass ich Dich mit Deiner Gruppe geschickt habe, um den gefangenen Jesus zu verhören. Wenn sie daran zweifeln, so sage ihnen, sie mögen bei ihrem König rückfragen, der wüsste davon. Und dann: Du musst das mit dem Wachetausch für Dich und Deine kleine Gruppe selbst regeln." „Ich werde mich gleich darum kümmern, notfalls werde ich mit ein paar Münzen nachhelfen." „Ich werde sie Dir ersetzen" lächelte Pilatus und fügte hinzu: „Und sei nicht sparsam dabei! Und nun geh hin und die Götter mögen Dich begleiten!" „Hoffentlich auch mein Gott" kam es Metellus in den Sinn und er antwortete seinem Prokurator: „Danke, Herr, aber Du wolltest mich noch etwas fragen?" „Ach, das hat später Zeit" sagte Pilatus leichthin und als Metellus gegangen war, dachte er bei sich: „Ein großartiger Mann, nimmt mir sogar in einer heiklen Sache die Arbeit ab! Warum habe ich nicht schon früher solche Leute gehabt! Wäre Octavius auch so gewesen, es hätte die Sache mit dem Gemetzel im Tempel nicht gegeben und mir wäre viel erspart geblieben!"

Als Metellus in seine Kammer zurückkam, war Robustus mit Celerus und der kleinen, aber guten Mannschaft schon versammelt. Neugierig starrten ihn Celerus und die drei anderen an, sie waren begierig zu erfahren, worum es ging. Metellus erklärte es kurz, machte auf die Gefährlichkeit des Unternehmens aufmerksam und fragte jeden einzeln, ob er freiwillig mitginge. Alle bejahten ohne zu zögern. Metellus versprach für den Fall, dass das Unternehmen gelingen sollte, jedem ein Goldstück. Alle waren begeistert. Dann musste Metellus noch rasch mit Salvius, einem seiner Hauptmannskollegen, den Wachetausch für ihn, Metellus, Robustus, Celerus und die drei anderen organisieren. Salvius war zwar anfangs gar nicht begeistert, aber zwei Denare pro Mann räumten alle Hindernisse aus dem Weg.

Etwa eine Stunde später machten sie sich auf den Weg, alle in Rüstung mit Umhang.

Am Tor zum Palast des Herodes erklärte Metellus dem Kommandanten der Torwache, warum sie kämen und was ihr Auftrag sei. Wie Pilatus es vorhergesagt hatte, äußerte Metellus' Gegenüber Zweifel, aber als der Römer erwähnte, dass König Herodes von ihrem Kommen informiert sei, sagte der Mann, er müsse bei seinem König rückfragen, die Römer möchten warten, bis er zurückkäme.

Herodes schlief schon, als der Anführer der Torwache ihn wecken und ihm mitteilen ließ, eine Gruppe römischer Soldaten habe Befehl des Prokurators Pilatus, jetzt, mitten in der Nacht, einen Gefangenen namens Jesus zu vernehmen. Ob er, König Herodes, dem zustimme. „Aha, es geht schon los" dachte Herodes, „Pilatus hat prompt gearbeitet." Er ließ dem Soldaten bestellen, er, Herodes, könne und wolle sich dem Wunsche des Prokurators nicht entgegenstellen, man solle die Römer zu dem Gefangenen führen.

Am Tor ließ man die Gruppe daher passieren. Niemandem fiel auf, dass Robustus unter seinem Umhang einen weiteren Umhang und ein zweites Schwert trug und dass in seinem Helm, den er unter den Arm geklemmt hatte, noch ein weiterer Helm steckte. Einer der Männer der Torwache begleitete die Gruppe in einen der Innenhöfe des Palastes. Am Weg raunte Robustus Metellus zu: „Wenn es hart auf hart zugeht, nehme ich den Anführer auf mich. Die anderen laufen von selbst davon." Metellus nickte, er hatte denselben Eindruck. Zwar war der Kommandant der Torwache ein gut aussehender Mann, von dem man annehmen konnte, dass er das Schwert zu führen verstand, aber seine Soldaten sahen weniger kampffähig aus, dick und träge.

Im Innenhof übergab ihr Begleiter die Gruppe einem verschlafen dreinblickenden Diener, der Metellus und seine Gruppe zu den Gefängnissen führte. „Merkt Euch den Weg" flüsterte Metellus seinen Leuten zu. Es ging zunächst eine Treppe hinunter, an deren Ende in einer kleinen Kammer ein Gefängniswächter schlief. Der Führer weckte ihn und sagte ihm, dass die Zelle des Jesus von Nazareth für die Römer, die jetzt hier wären, aufgesperrt werden solle. Verschlafen und verärgert über die Störung warf der Wächter dem Begleiter der Römer den Schlüssel hin und fuhr ihn an: „Du weißt ja ohnehin, wo er ist. Lass mich schlafen." Man führte die Gruppe nun den Gang entlang, der mit Öllämpchen so ausreichend ausgeleuchtet war, dass man sich recht gut zurechtfinden konnte. Es ging noch einmal um die Ecke, dann war Jesus' Zelle die letzte rechts. Der Führer schloss sie auf, übergab Metellus den Schlüssel mit den Worten „Gib ihn nachher wieder dem Wächter zurück" und verschwand. „Nachlässiger kann es nicht mehr gehen" dachte Metellus, „aber mir kann es recht sein."

Metellus trat als erster ein, Robustus folgte ihm, die anderen warteten draußen. Die Zelle war unbeleuchtet, nur durch die geöffnete Tür fiel etwas Licht aus dem Gang hinein. Einige Ratten huschten erschrocken in ihre Verstecke. Es dauerte einige Zeit, bis sich Metellus' Augen an die fast völlige Dunkelheit gewöhnt hatten, erst dann sah er Jesus, in einer Ecke kauernd, die Hände gefaltet, die Augen geschlossen. Er hatte geschlafen, oder hatte er gebetet?

Metellus berührte Jesus leicht an der Schulter: „Herr, ich bin es, Metellus, ich bin zu Dir gekommen!" Jesus machte eine kleine Bewegung und Metellus bemerkte, dass Jesus mit einer langen Kette an die Wand angeschlossen war. „Er ist angekettet" flüsterte Metellus zu Robustus, „was machen wir nun?" „Das ist kein Problem für mich" flüsterte Robustus zurück, „ich habe für diesen Fall eine Eisenstange mitgenommen, mit der werde ich die Kette abdrehen", und Robustus machte sich sofort an die Arbeit. Metellus wandte sich nochmals an Jesus: „Herr, ich bin zu Dir gekommen!" „Was willst Du, dass ich Dir tue?" war die Antwort. „Nichts, ich möchte jetzt etwas für Dich tun, Herr, wir sind gekommen, um Dich zu befreien!" „Metellus, was bist Du im Begriffe zu tun? Hast Du bedacht, was dann mit denen geschieht, die mich jetzt bewachen? Und was ist, wenn man Dich bemerkt?" „Herr, ich habe Robustus mit und noch ein paar tüchtige Leute, die können kräftig dreinhauen, sei sicher, Herr, wir kriegen Dich frei!" Fast unwillig antwortete Jesus: „Metellus, Du willst unschuldiges Blut vergießen? Ich sage Dir, wer das Schwert gegen Unschuldige zieht, wird durch das Schwert umkommen!" „Herr, willst Du denn hier bleiben, als Gefangener? Sie werden Dich zu Pilatus zurückschicken und der wird Dich zum Tode verurteilen, Kaiphas und seine Leute werden es dazu bringen!" „Metellus, der

Menschensohn muss den Weg gehen, den ihm sein Vater bestimmt hat. Wie würde sonst das erfüllt, was Dir und allen, die dem Vater vertrauen, versprochen wurde? Metellus, ich sage Dir: Verlasse mich jetzt!"

Es entstand eine kleine Pause, man hörte nur Robustus bei seiner Arbeit keuchen, doch bald folgte sein Seufzer der Erleichterung, als die Kette mit einem leisen Knacken zerbrach. Robustus wandte sich zu Metellus: „Er ist frei, Metellus, wir können gehen!" „Nein, Robustus, Jesus will nicht mit uns kommen!" Robustus wandte sich zu Jesus: „Herr, sie werden Dich töten!" und er rüttelte Jesus an den Schultern, als wollte er ihn aus einem Traum reißen. Jesus schob langsam, unendlich zart, die Arme Robustus' von seinem Körper weg und drückte den Römer sanft zurück: „Robustus, als Du nahe am Sterben warst, hat mein Vater Dich gesund gemacht, als ich ihn darum bat. Meinst Du nicht, ich könnte nun meinen Vater bitten, mich von hier zu befreien? So geh und lass mich allein!"

Metellus hatte das mit angehört. „So willst Du wirklich sterben, Herr?" „Das Lamm, es muss geschlachtet werden!" antwortete Jesus. „Metellus, verstehst Du das?" fragte Robustus den Centurio und es klang fast verzweifelt. „Robustus, wir müssen tun, was Jesus gewünscht hat." Metellus wandte sich zu dem Gefangenen: „Dein Gott begleite Dich!" „Und er lasse sein Antlitz über Dir leuchten" antwortete Jesus und lächelte, als Metellus Robustus zur Türe hinausschob und die Zelle verließ.

Draußen fragte Celerus: „Nun, wo ist er, Jesus, den wir befreien sollten?" „Er kommt nicht mit uns" antwortete Robustus. Metellus sah, wie Celerus ungläubig den Kopf schüttelte. „Doch, es ist so, wie Robustus es Dir gesagt hat", bestätigte Metellus, während er die Zelle abschloss. „Dieses Land steckt voller Wunder" sagte Celerus nachdenklich und sehr leise. „Und Mörder" ergänzte einer der drei anderen laut. Metellus antwortete nicht, aber er und wohl auch die anderen dachten an Antonius' trauriges Schicksal.

Der Rückweg verlief völlig problemlos. Dem schlafenden Wächter legte Metellus den Schlüssel neben den Kopf, die Torwache nahm kaum Notiz von ihnen, gerade, dass ihr Anführer den Gruß von Metellus lässig erwiderte. Es wäre ein Leichtes gewesen, Jesus herauszuschleusen, dachte Metellus bei sich, aber er schwieg ebenso wie die anderen.

Bevor sie in die Burg zurückkamen, wollte Metellus jedem der fünf das versprochene Goldstück geben. Robustus und Celerus nahmen es nicht, obwohl Metellus ihnen zuredete. „Wir haben" erklärten beide wie aus einem Mund „nicht das erreicht, was wir wollten!" Die anderen drei hatten keine Bedenken und bedankten sich höflich.

In der Burg hatte Pilatus für Metellus die Nachricht hinterlassen, er wünsche umgehend Bericht. Also begab sich Metellus zu ihm und ließ ihn wecken. „Nun?" fragte Pilatus, als er Metellus sah. Dieser schüttelte nur den Kopf. „Was ist passiert? Zu starke Bewachung?" „Nein, Herr, Jesus wollte nicht" sagte Metellus leise. Pilatus schien nicht einmal sonderlich überrascht. „Ich glaube, ich werde die Sache selbst in die Hand nehmen müssen" sagte er nur.

Aber er hatte keine Ahnung, wie er es anfangen sollte.

XXXII

Nachdem er seine Zustimmung zum Eintritt der römischen Soldaten gegeben hatte, schlief Herodes tief. Die Sorge, was er mit diesem Jesus tun solle, war ihm nun genommen, Pilatus hatte sich an die mit ihm getroffene stille Abmachung gehalten, der Besuch seiner Soldaten war ja nicht anders zu deuten. Wie sie es gemacht hatten, Jesus herauszubringen, war ihm, Herodes, einerlei, wesentlich für ihn war ausschließlich, dass er das Problem mit dem Jesus vom Hals hatte.

Als er erwachte, war es etwa eine Stunde nach Sonnenaufgang, er streckte sich genüsslich auf seinem Lager aus und stellte sich in Gedanken vor, welches Gesicht die Kerkerwache und die Torwachesoldaten machen würden, wenn er nun den Befehl geben würde, ihm den Jesus vorzuführen. Sie müssten ja bekennen, dass ihnen dieser Jesus entkommen sei. Sollte er, Herodes, sie dann bestrafen? Eigentlich, so meinte er, hätten sie ihm ja einen guten Dienst erwiesen und verdienten dafür eher eine Belohnung als Strafe. Aber das musste er nicht sofort entscheiden, viel eher verlangte er danach, die ängstlichen Gesichter der beteiligten Soldaten zu sehen. So gab er, zugleich mit der Weisung, ihm das Frühstück zu bringen, den Befehl, den gefangenen Jesus vorzuführen.

Herodes hatte erwartet, dass das Frühstück gleich, die für die Bewachung des Gefangenen Verantwortlichen aber erst viel später kommen würden. Sie hätten sich ja sicher damit beschäftigen müssen, den Gefangenen in seinem Versteck zu suchen, und dann würden sie vermutlich Zeit brauchen, um sich für ihre Verantwortung vor Herodes miteinander abzusprechen.

Zu Herodes' grenzenloser Überraschung kam aber beides zugleich, das Frühstück und der Gefangene, geführt von zwei Wachen. Die Enttäuschung, Jesus entgegen aller Erwartungen zu sehen, und die Erkenntnis; dass Pilatus ihn offenbar hineingelegt hatte, stand Herodes ins Gesicht geschrieben, als er den Gefangenen anfuhr: „Wieso bist Du da?" Jesus antwortete darauf nicht, aber einer der beiden Wachesoldaten bezog die Frage auf sich und antwortete etwas verwundert: „Herr, befahlst Du nicht gerade vorhin, Dir diesen Gefangenen vorzuführen?" Wütend sprang Herodes auf und stieß dabei an den Tisch an, auf dem man für ihn das Frühstück bereit gestellt hatte, sodass Becher und Kannen umfielen und sich die Getränke auf den Boden ergossen. Erschrocken wichen die beiden Wachen zurück, noch nie hatten sie ihren König in einer solchen Verfassung gesehen. Nur Jesus blieb unbeweglich stehen, so, als wäre nichts geschehen. „Dieses Schwein!" brüllte Herodes, „dieses elende Schwein, dieser P...." Plötzlich kam ihm zum Bewusstsein, dass er sich in große Gefahr begab, wenn er den Präfekten so öffentlich schmähte. Da waren ja die beiden Wachen, wenn die das weitererzählten, was sie soeben fast gehört hatten! So änderte er blitzschnell den begonnenen Satz: „Dieser Verbrecher, der die Massen gegen den Imperator aufwiegelt und die Leute veranlasst, keine Steuern zu zahlen! Bringt ihn zurück in den Kerker, nein, schickt ihn sofort zurück zu Pilatus, sofort, sage ich!" Eilends führten die zwei Wachen Jesus ab.

Inzwischen tobte Herodes weiter, aber nur innerlich, damit ihn niemand hören konnte: Dieser elende Prokurator, dieses Schwein, dieser gemeine Betrüger, der hatte ihn, den König Herodes, übertölpelt wie ein altes Weib! Es war doch klar, wie jetzt die Sache stand: Pilatus hatte zwar eine Mannschaft zu Herodes geschickt, aber die hatte nur so getan als ob. Und nun war Pilatus fein heraus aus der Verlegenheit um diesen Jesus: Er konnte ja jederzeit sagen, dass er es doch versucht hätte, den Jesus frei zu bekommen, aber er, der König Herodes, hätte es verhindert! So stand er, Herodes, nun neuerlich da als einer, der unschuldiges Menschenleben am Gewissen hatte. So eine Gemeinheit von diesem Pilatus! Zuerst so zu tun, als wolle er mit ihm, dem König, gemeinsame Sache machen, um diesen Jesus zu befreien, und dann eine Alibi-Maßnahme zu treffen, die genau das Gegenteil bewirkte! Dieser elende Römer, dieser hinterhältige Gauner! Was sollte er, Herodes, nun tun? Womöglich würde er von Pilatus nun scheinheilig gefragt werden, warum es denn in der Nacht nicht geklappt hätte! Am liebsten würde er, Herodes, diesem verdammten Prokurator an die Gurgel fahren, aber leider war ihm, dem König, solches nicht möglich. Er konnte nur mit den Zähnen knirschen und warten, ob sich eine Möglichkeit bieten würde, sich an Pilatus für die erhaltene Schmach zu rächen. Auf jeden Fall müsste er aber verfolgen, wie es mit diesem Jesus weiter gehen würde. Er hatte den Gefangenen ja gerade zu Pilatus zurückgeschickt – ja, das müsste er gleich Kaiphas wissen lassen, der würde dann sofort die Fortsetzung des Prozesses fordern. Das wollte er, Herodes, sich dann ansehen, vielleicht würde sich dort eine günstige Gelegenheit ergeben, Pilatus die erhaltene Behandlung zu vergelten!

Umgehend schickte Herodes einen Boten zu Kaiphas um diesen zu informieren, dass sich Jesus wieder bei Pilatus befände. Dann ließ er sich Kleider eines gewöhnlichen Bürgers und einen einfachen Mantel mit Kapuze kommen. Er tauschte seine kostbaren Gewänder mit dieser Verkleidung, legte allen Schmuck ab und eilte zur Burg Antonia, um den weiteren Verlauf des Prozesses gegen Jesus zu verfolgen.

XXXIII

Früh am Morgen wurde Pilatus gemeldet, König Herodes habe den Jesus, den Gefangenen, zurückgeschickt, kommentarlos. Das hatte Pilatus erwartet, aber nicht, dass schon kurz danach Kaiphas und die anderen Ankläger eintrafen und energisch die Fortsetzung des Prozesses forderten. Sie mussten irgendwie erfahren haben, dass Jesus wieder bei Pilatus war. Bald war der Vorhof der Burg von Menschen voll, es entstand ein dichtes Gedränge. Pilatus war das gar nicht recht, denn wenn die Sache eskalierte, war die Gefahr eines Attentates groß. Deshalb ließ er doppelte Wache aufziehen, Metellus und jene, die mit ihm in der Nacht unterwegs waren, kamen nicht zum Schlafen, sie mussten ja die getauschte Wachzeit einbringen.

Wieder brachte Kaiphas die Anklage vor. So wie Pilatus am Nachmittag des Vortages beraten hatte, wie es mit Jesus weitergehen solle, hatte dies auch Kaiphas mit dem Hohen Rat getan. Ein Rückgreifen auf die bisher vorgebrachten Anklagepunkte schien ihnen aussichtslos, da gab es zu viele glaubwürdige gegensinnige Zeugenaussagen und überdies bereits ein „Nichtschuldig" des Präfekten. Also musste die Anklage auf etwas anderes gestützt werden und was war dafür besser geeignet als der kürzliche Einzug Jesus' in Jerusalem, bei dem das Volk ihn als ihren König bezeichnete, was Jesus offenbar widerspruchslos hingenommen hatte. Und diese Sachlage konnte Kaiphas auch durch Zeugen stützen.

Pilatus hörte sich das an, er war gar nicht überrascht, denn er kannte diese Anschuldigung schon und wusste um ihre Gefährlichkeit. Außerdem hatte man ja auch ihm, Pilatus, das Herannahen Jesus mit seinen zahlreichen Anhängern gemeldet und er selbst hatte sich über den auf einem Esel reitenden „König" lustig gemacht. Der stand nun vor ihm, ruhig, gelassen, als wäre er an diesem Prozess gar nicht beteiligt. Ein seltsamer König, dachte Pilatus wieder, aber dieses Mal lachte er nicht, er wunderte sich nur, dass dieser König nichts tat, um seine Königsmacht zu zeigen und seinen Tod zu verhindern. Wer starb denn schon gern, und schon gar ein König! Wahrscheinlich würde dieser sonderbare Angeklagte wieder nur schweigen, aber zu seiner Überraschung erhielt Pilatus auf seine Frage: „Bist Du ein König?" die Antwort: „Du sagst es." Auf Pilatus' verwunderten Blick fügte Jesus hinzu: „Mein Reich ist nicht von dieser Welt. Ich bin in diese Welt gekommen, um für die Wahrheit Zeugnis abzulegen." Pilatus verstand nicht, was damit gesagt werden solle und fragte daher: „Was ist Wahrheit?" Darauf erhielt er von Jesus die Antwort so leise, dass nur er, Pilatus, es hören konnte: „Ich bin die Wahrheit. Und das Leben!". Aber damit konnte Pilatus ebenso wenig anfangen wie mit der vorigen Aussage des Angeklagten. Jedoch wurde ihm eines klar: dem Imperator konnte ein solcher König nicht gefährlich werden. Pilatus wurde der vor ihm stehende Mann immer rätselhafter. Ein Phantast, ein Träumer, ein Irrer? Aber dafür hatte dieser Mensch zuvor zu vielen anderen konkret geholfen. Pilatus wollte schon ein „Nicht schuldig" sprechen, da schleuderte ihm Kaiphas entgegen: „Wenn Du diesen Verbrecher freigibst, melden wir das dem Kaiser, denn wer sich selbst zum König macht, der wendet sich gegen den Imperator!" Pilatus spürte, dass dieser Prozess nun die von ihm befürchtete Wendung nahm, die für ihn gefährlich war. Es wurde ihm heiß. Er wandte sich zu seinen Beratern: „Versuche einen Kompromiss" riet einer. „Ich lasse ihn jetzt dafür geißeln" entschied Pilatus „und dann werde ich ihn freigeben."

Als sie Jesus von der Geißelung zurückbrachten, blutüberströmt, nahe dem Zusammenbruch, ließ Pilatus ihn der Menge zeigen: „Ecce homo", seht was für ein Mensch, rief er. Aber Kaiphas und die Seinen gaben nicht nach: „Er hat den Tod am Kreuz verdient!" Sie hatten erkannt, dass Pilatus mit dem gerade verhandelten Anklagepunkt seine Schwierigkeiten hatte. Tatsächlich war Pilatus ratlos. Er sah sich in einer Zwickmühle: Gab er diesen Jesus frei, so würde er die Ankläger zu einer entsprechenden Beschwerde in Rom reizen und es war zu erwarten, dass Kaiphas und seine Leute die Gelegenheit nützen würden, auch Octavius' Gemetzel im Tempel vorzubringen, sowie jede andere Angelegenheit, die sich gegen Pilatus verwenden ließe. Verurteilte er aber Jesus, so müsste er sich den Vorwurf gefallen lassen, einen Unschuldigen zum Tod verurteilt zu haben. Auch das konnte für ihn, Pilatus, zu üblen Konsequenzen in Rom führen.

Unterdessen wurden im Vorhof die Schreie „Kreuzige ihn" deutlich zahlreicher und lauter. Pilatus fühlte, dass er immer weniger Herr der Lage wurde. Aber plötzlich kam ihm ein Gedanke, von dem er meinte, das Blatt damit entscheidend wenden zu können: Er hatte jedes Jahr um diese Zeit die Gewohnheit, einen Gefangenen freizugeben, und zwar immer jenen, den die Mehrheit der Anwesenden wählte. Davon wollte er auch jetzt mit Geschick Gebrauch machen: Er, Pilatus, brauchte Jesus nur einem Gegenkandidaten gegenüberzustellen, den Kaiphas und seine Anhänger nicht wählen konnten. Und er hatte ja einen Gefangenen sitzen, der dafür geeignet schien wie kein anderer: Barrabas. Der hatte einen römischen Soldaten hinterrücks ermordet, wer also den wählte, stellte sich offen gegen Rom und gegen den Imperator. Pilatus war es klar, dass zwar die Schar der Zeloten, diese stets fanatischen Feinde, sicher für Barrabas stimmen würden, aber sonst? Herodes und seine Leute würden es nicht wagen, sich offen als Feinde des Imperators zu deklarieren, zu sehr waren sie von Rom abhängig. Somit verblieben noch Kaiphas und seine religiös-fanatische Schar. Auch sie würden es aber kaum auf einen offenen Konflikt mit Rom und mit ihm, Pilatus, ankommen lassen, zu sehr müssten sie dann fürchten, mit harter Hand angefasst zu werden. Schließlich konnte Pilatus hoffen, dass sich in der Menge vor ihm doch einige befanden, die noch kürzlich diesem Jesus zugejubelt und ihn als König gefeiert hatten. Der Plan musste also aufgehen, er, Pilatus, konnte es wagen. Also ließ er den Barrabas bringen, ihn neben Jesus stellen und die Leute wissen, dass sie nun wählen sollten zwischen zwei Männern, denen der Tod drohe, nämlich Barrabas, der einen Römer ermordet und einen anderen tödlich verwundet hatte, und Jesus, der sich als König bezeichnet hatte. Es entstand einige Augenblicke völlige Stille, denn das hatte niemand erwartet, auch

Kaiphas nicht, der sich ans Kinn griff und auch seine Berater nicht. Der Oberpriester begriff natürlich sofort, auf welches Glatteis ihn Pilatus geführt hatte. Zaghaft wurden in der Menge einige Rufe „Jesus" laut, aber die Zeloten schrieen weiter nach Barrabas. Doch die anderen, vor allem Kaiphas und seine Leute, sowie jene des Herodes, verhielten sich still. Pilatus sah die Entwicklung mit Befriedigung, sein Plan schien aufzugehen.

Aber es kam anders: Durch die Menge drängte sich Herodes an Kaiphas heran, er sah jetzt die Gelegenheit, sich an Pilatus rächen zu können und seine Wut über den Prokurator ließ ihn alle Bedenken vergessen. Der grobe Mantel, den der König trug und die Kapuze, die er sich über den Kopf geworfen hatte, bewirkten, dass er zunächst unerkannt blieb. Aber als er neben Kaiphas stand, schlug er die Kapuze zurück, sodass der Oberpriester sah, wen er vor sich hatte. „Nun, Du Kriecher vor dem römischen Tyrannen, was wirst Du nun tun, Du wirst wohl für diesen Jesus stimmen?" wurde Herodes von Kaiphas begrüßt. „Du schwätzt schon wieder so dummes Zeug wie gewöhnlich!" zahlte der König mit gleicher Münze zurück. „Ich werde für Barrabas stimmen und die Meinen werden es auch tun!" Kaiphas verschlug es für einen Moment die Sprache, aber dann sah er seine Chance: Wenn Herodes es wagen konnte, den Barrabas zu wählen, dann konnte er, Kaiphas, es auch tun. Seine Leute mit jenen des Herodes zusammen, das müsste schon reichen, und dann kämen ja noch die Zeloten dazu, die Mehrheit für Barrabas wäre damit klar gesichert und auf diese Mehrheit in einer offenen Abstimmung könnte er sich später, sollte es zu Schwierigkeiten mit Rom kommen, immer berufen. „Nun, dann lasst uns Freunde sein und gemeinsam handeln!", sagte er versöhnlich zu Herodes und beide begannen, ihre Anhängerschaft auf Barrabas einzuschwören.

So wurden die Rufe nach Barrabas immer zahlreicher und lauter und rasch bildeten sich die ersten Sprechchöre, die immer wieder skandierten: BAR-RA-BAS, BAR-RA-BAS, BAR-RA-BAS! Pilatus erkannte, dass er sich getäuscht hatte, sein letzter Versuch, Jesus freizubekommen, war gescheitert und noch dazu musste dieser verfluchte Barrabas, dieser Mörder, freigegeben werden. Das war nicht mehr zu verhindern, zumal das Geschrei nach Barrabas bedrohliche Ausmaße annahm. Die Situation eskalierte so, dass Metellus und seine Soldaten zu den Waffen griffen. Widerwillig musste Pilatus den Befehl geben, Barrabas frei zu lassen. Celerus und einige andere nahmen ihm die Ketten ab, triumphierend machte Barrabas einen Schritt nach vorn, drehte sich zu Pilatus und drohte ihm mit der Faust. Das war für Celerus zu viel und er versetzte Barrabas einen kräftigen Tritt. Wütend wollte sich der Zelot auf Celerus stürzen, wich aber, als der Römer mit dem Schwert drohte, zurück und verschwand bald in der Menge.

„Ihr habt Euren Barrabas bekommen, ich werde nun diesen Jesus freigeben" machte Pilatus einen letzten Versuch. Es entstand aber allgemeiner Protest: „Du hast doch selbst gesagt, beide, Barrabas und dieser Jesus, seien Todeskandidaten, also ans Kreuz mit ihm! Und wozu hättest Du uns sonst überhaupt wählen lassen?", hielt ihm Kaiphas entgegen. Ein anderer verwendete noch einmal das schon erprobte Argument: „Wenn Du diesen Jesus freilässt, der sich selbst zum König gemacht hast, wendest Du Dich gegen Deinen Kaiser, und das werden wir ihm melden!" Ein Dritter stieß nach: „Zusammen mit anderen Vorkommnissen!" Pilatus sah sich in die Enge getrieben, seine Hände wurden feucht. Er ließ sich eine Schüssel mit Wasser bringen, und während er sich die Hände wusch, stieg Zorn in ihm hoch, er selbst hatte ja durch sein Verhalten wesentlich dazu beigetragen, dass er jetzt als der Verlierer da stand. „Nun denn, dann kreuzigt diesen Unschuldigen, Euren König, seht zu, wie Ihr damit zurechtkommt!" entfuhr es Pilatus. Kaiphas aber höhnte ihn: „Sein Blut mag über uns und über unsere Kinder kommen!"

Es war für Pilatus klar, wie sich Herodes verhalten hatte und daher gab er Anweisung, die Soldaten des Königs sollten Jesus zur Kreuzigung führen: „Ich und meine Leute wollen damit nichts zu tun haben!" Herodes musste das zähneknirschend zur Kenntnis nehmen und Jesus zur Vollstreckung des Urteils abführen lassen. Die Menge verließ den Vorhof rasch, die meisten wollten sich das Schauspiel der Kreuzigung nicht entgehen lassen.

Auch jemand anderer hatte sich zurückgezogen: Claudia. Sie hatte wieder vom Fenster den Verlauf des Prozesses verfolgt. Anfangs konnte sie nicht erkennen, wie es lief, denn sie konnte nicht hören, was gesprochen wurde, aber als man den gegeißelten Jesus vorführte, begriff sie, dass die Sache schlecht stand. Erst recht wurde ihr das bewusst, als man Jesus dem Barrabas gegenüberstellte und die Menge mit skandiertem Geschrei nach diesem verlangte. Und als man Barrabas freiließ und die Leute lautstark die Kreuzigung des Jesus verlangten, war ihr klar, welches Urteil für Jesus zu erwarten war. Sie verließ das Fenster und ging traurig in ihr Zimmer.

Als sie nicht zum Mittagmahl erschien, ging Pilatus nachsehen, was mit seiner Frau los wäre. Er fand die Türe zu ihrem Zimmer verschlossen und hörte sie drinnen bitter weinen.

XXXIV

Metellus war todmüde, denn die beiden vorausgegangenen Nächte war er nur wenig zum Schlafen gekommen. Jesus war abgeführt worden, sollte er ihm jetzt folgen? Ändern konnte er nichts, Jesus würde sterben, so wie er es gewollt hatte. Aber warum? Jesus hatte ihm in der Nacht gesagt, er, Jesus, müsse den Auftrag seines Vaters erfüllen. Aber welcher vernünftige Vater schickt schon seinen Sohn in den Tod, noch dazu, wo dieser Sohn so viele bewundernswerte Taten vollbracht hatte? Warum ließ der Vater den Sohn dies nicht weiter tun? Mit dem Vater war ja offensichtlich jener Gott gemeint, von dem Zacharias so viel erzählt hatte. Wenn man dem glauben konnte, dann war dieser Gott ein gütiger, hilfreicher und barmherziger Gott. Und ein solcher Gott sollte es wollen, dass sein Sohn hingerichtet würde, noch dazu auf so schreckliche Weise? Andererseits war aber dieser Jesus, soweit Metellus ihn kennen gelernt hatte, doch kein Phantast. Also musste hinter seinem gewollten Tod etwas dahinter stehen, aber was? Metellus fand keine Antwort auf diese Frage, so sehr er sich damit auch beschäftigte. Er hatte sich auf sein Bett gelegt, um besser denken zu können, aber Schlaf fand er keinen, zu sehr wühlten die Gedanken in ihm, zu sehr nahm ihn die Frage des „Warum" gefangen. So stand er wieder auf und beschloss, Jesus in seiner letzten Stunde zu begleiten, so sehr die grausame Kreuzigung ihn auch anwiderte.

Als er den Ort erreichte, wo man das Kreuz errichtet hatte, traf er dort zu seiner Überraschung Robustus. Der war dem Zug der Soldaten, die Jesus zur Kreuzigung führten, im Abstand gefolgt, wie Metellus nicht achtend der Gefahr, in die sie sich mit ihren Alleingängen begaben. Kurz darauf traf auch Celerus ein, zusammen mit drei anderen, einer von ihnen war jener Soldat der Torwache, der noch vor kurzem den Wunsch geäußert hatte, Jesus kennen lernen zu wollen. Gemeinsam erkannten sie, dass Jesus' Tod bevorstand. Neben Jesus hatte man zwei Verbrecher gekreuzigt, um diese drei Kreuze drängte sich die Menge. Metellus und seine Begleiter wichen diesem Gedränge aus und beobachteten von einiger Entfernung, was sich tat. Einige der Herumstehenden schmähten Jesus, er hätte doch so viel für andere getan, nun solle er sich doch selbst helfen. Metellus bemerkte, dass Jesus kurz zu einem der beiden neben ihm Gekreuzigten sprach, aber er konnte nicht hören, was. Ebenso erging es ihm, als Jesus einige Worte an einen vor seinem Kreuz stehenden jungen Mann richtete. Als Metellus etwas näher trat, erkannte er, dass dieser junge Mann jener war, der ihn vorgestern Nacht aufgesucht und so bitterlich geweint hatte.

Kurz darauf traf auch Kaiphas mit zwei Begleitern ein, offenbar um sich zu überzeugen, dass man Jesus gekreuzigt hatte. Als er sah, dass man über Jesus an dessen Kreuz eine Tafel befestigt hatte, auf der zu lesen stand: „Jesus von Nazareth, der König der Juden", da lief er eilig zu Pilatus, beschwerte sich über diese Inschrift und verlangte, man solle sie auf „Jesus von Nazareth, der gesagt hat, er sei der König der Juden" ändern. Aber Pilatus, verärgert über den Ausgang der Verhandlung, fauchte ihn an: „Was ich geschrieben habe, das habe ich geschrieben!" Kaiphas erkannte, dass da nichts zu machen war und machte sich grollend auf den Weg zurück in den Tempel, um dort auf die Nachricht von Jesus' Tod zu warten.

Unterdessen wurde es am Hügel der Kreuzigung immer finsterer. Ein schweres Gewitter zog auf und veranlasste viele, den Ort zu verlassen, nicht aber Metellus und seine Gefährten. Sie mussten nicht lange warten, bis Jesus nach einem lauten Schrei den Kopf sinken ließ. Er war tot. Ein paar Augenblicke war es still, dann fuhr in der Nähe ein starker Blitz nieder und spaltete einen Felsen, der mit lautem Getöse den Abhang hinab stürzte. Dazu erschütterte ein gewaltiger Donnerschlag die Luft, sodass es Metellus und seinen Begleitern vorkam, als bebe die Erde. Es war aber nicht allein dieses Ereignis, dass es Metellus wie von selbst entfuhr: „Wahrlich, dieser ist Gottes Sohn gewesen!" Robustus und Celerus, die dabei standen, hatten das gehört, sie blickten Metellus an und in ihren Augen war das Staunen der Erkenntnis zu lesen.

Inzwischen war Kaiphas im Tempel angekommen und hatte sich dort zu schaffen gemacht. Den Donnerschlag hörte auch er, und als er sich umdrehte, sah er, dass der Vorhang im Tempel, der sonst immer den heiligsten Raum abschloss, von oben bis unten zerrissen war, sodass der Blick hindurch freigegeben war. Kaiphas erschrak, denn der Vorhang war erst vor wenigen Tagen erneuert worden, und das mit bester Qualität, sodass Kaiphas keine Erklärung dafür hatte, wie das plötzlich geschehen konnte.

Mittlerweile hatte Pilatus einen unerwarteten Besuch bekommen: Ein reicher Gold- und Silberwarenhändler ließ um ein kurzes Gespräch bitten. Er hieß Joseph und stammte aus Arimathäa, Pilatus kannte ihn von früher, er hatte gerade erst vor einigen Tagen bei ihm die beiden goldenen Becher gekauft. Pilatus dachte zuerst, dieser Joseph wäre nur gekommen, um ihm wieder etwas anzubieten und wollte ihn schon abweisen lassen mit der Begründung, er brauche derzeit nichts, aber dann besann er sich: Er wollte diesen Mann nicht unnötig verärgern, er, Pilatus hatte hier ja schon Feinde genug. Also ließ er Joseph kommen, der ihn nach einer kurzen Begrüßung sehr höflich und mit einer tiefen Verbeugung um den Leichnam des Jesus bat. Er, Joseph, wolle den Toten in seinem eigenen Felsengrab bestatten. Pilatus sandte zwei Leute zum Ort der Kreuzigung, um festzustellen, ob Jesus schon tot wäre. Am Weg dorthin trafen sie Metellus und Celerus, von denen sie erfuhren, dass Jesus gestorben war. Metellus ging selbst zu Pilatus, um das zu melden. Darauf gab Pilatus den Leichnam Jesus' an Joseph frei. Der bedankte sich höflich und eilte sofort mit drei Gehilfen zum Ort der Kreuzigung, um mit der Arbeit der Kreuzabnahme zu beginnen. Das ging nicht so rasch, und schon nach kurzer Zeit erschien Kaiphas mit zwei Begleitern, man hatte ihm offenbar sofort gemeldet, was sich da getan hatte. „Haltet ein, sofort!" rief der Oberpriester den am Kreuz Arbeitenden zu, „ich befehle es!" Das war für Robustus, der beim Kreuz zurückgeblieben war, zuviel. Er kam Joseph, der sich auf die Entscheidung Pilatus' berufen wollte, zuvor und pflanzte sich drohend vor Kaiphas und den zwei anderen auf: ‚Ob sie mit ihren schwachen Köpfen schon begriffen hätten, dass dieses Land eine römische Provinz sei' brüllte er die drei an ‚und dass hier niemand anderer zu befehlen hätte als der Imperator und mit seiner Vollmacht der Präfekt Pontius Pilatus! Und wenn sie nicht sofort von hier verschwänden, dann würde er ihnen Beine machen!' Mit diesen Worten zog er sein Schwert aus der Scheide und schwang es drohend über seinem Haupt. Kaiphas war kein furchtsamer Mann, aber unter solchen Umständen zu verbleiben, wagte er nicht. Seine beiden Begleiter hatten längst die Flucht ergriffen und so wollte auch er sich, rückwärts gehend, zurückziehen, stolperte aber über den Saum seines langen Gewandes, stürzte und kollerte eine kurze Strecke den Abhang hinab, begleitet vom Hohngelächter des Römers.

Kurz darauf eilte Kaiphas mit seinen beiden Begleitern zur Burg Antonia, um sich bei Pilatus über die erlittene Behandlung zu beschweren. Aber Pilatus ließ sie nicht einmal vor. Er hätte derzeit anderes zu tun, ließ er ihnen sagen und so mussten sie wieder abziehen. Kaiphas, den das maßlos ärgerte, beschloss, sich bei Gelegenheit an Pilatus zu rächen.

XXXV

Schon am nächsten Vormittag ergab sich für Kaiphas aber die Notwendigkeit, erneut zu Pilatus gehen zu müssen. Man hatte den Oberpriester nämlich daran erinnert, dass dieser Jesus angekündigt hatte, er werde nach drei Tagen wieder auferstehen. ‚Das fehlte noch' dachte Kaiphas. Dass dieser Jesus wieder lebendig würde, glaubte er zwar ebenso wenig wie seine Begleiter, aber man befürchtete etwas anderes: Die Anhänger des Jesus könnten ihn aus dem Grab stehlen und das als seine Auferstehung darstellen. Mehr noch: Nicht auszudenken, wenn einer, der dem Jesus ähnlich wäre, in dessen Rolle schlüpfte? Da würden die Probleme ja von neuem beginnen! Bei dieser Sachlage gab es nur eines: Der Verschluss des Grabes musste versiegelt und das Grab bewacht werden.

Mit dieser Befürchtung ließ sich Kaiphas neuerlich bei Pilatus melden. Obwohl ihm die dauernden Querelen des Oberpriesters lästig waren, ließ Pilatus ihn diesmal vor, denn er wollte den Konflikt mit ihm nicht auf die Spitze treiben. Als Kaiphas sein Anliegen vorgebracht hatte, gewährte der Prokurator dem Antragsteller seine Bitte und entschied zunächst, dass die Leute des Herodes das Grab bewachen sollten. Aber Kaiphas wandte ein, dass diese Truppe nicht genügend verlässlich sei, was sich mit der Einschätzung Pilatus' deckte. So korrigierte er sich: Seine Leute sollten es machen. Hiezu bat aber Kaiphas, man möge nicht jenen Centurio mit dieser Aufgabe betrauen, der in der Verhandlung so klar für Jesus Stellung genommen hatte, denn dieser Mann wäre ja offensichtlich befangen. Dem konnte Pilatus nicht widersprechen, zumal, als er an die Ereignisse in der vorgestrigen Nacht dachte. So wurde vereinbart, dass die örtliche Garnison die Grabbewachung stellen solle und Pilatus gab noch im Beisein von Kaiphas entsprechende Befehle.

Ermutigt durch diesen Erfolg wagte es Kaiphas auch noch, seine Beschwerde über die Behandlung durch Robustus vorzubringen. Pilatus hörte sich das schweigend an und sagte dann nur kurz: „Ich werde mit Robustus reden." „Und?" fragte

Kaiphas, der sich eine Ankündigung einer Bestrafung erhoffte. Aber Pilatus entgegnete nur: „Das genügt." Kaiphas erkannte, dass nicht mehr zu erreichen war und zog ab.

Pilatus ließ Robustus kommen. Der ahnte, was der Grund war und als der riesige Soldat kam, konnte Pilatus das Lachen kaum verbeißen: Das wandelnde schlechte Gewissen stand vor ihm. Pilatus tat nun so, als wolle er ein Verhör beginnen und ließ sich von Robustus den Hergang des Zusammentreffens mit Kaiphas von gestern berichten. Stockend erzählte Robustus, was er Kaiphas und seinen Begleitern zugerufen hatte. Dann musste er bekennen, dass er auch das Schwert gezückt hatte. „Und?" fragte Pilatus. „Kaiphas ist vor Schreck gestolpert" brachte Robustus hervor. „Und?" bohrte Pilatus weiter. Robustus wand sich hin und her, richtete dann die Zeigefinger seiner beiden Hände gegeneinander und begann, die beiden Finger kreisend umeinander zu bewegen. „Am Abhang" fügte er hinzu. Pilatus konnte sich nicht mehr halten, brach in lautes Gelächter aus, zog ein Goldstück aus der Tasche und drückte es Robustus in die Hand mit den Worten: „Dass das nicht wieder vorkommt!" Überrascht über diese Wendung dankte Robustus und entfernte sich glücklich. Pilatus blickte ihm lächelnd nach und sagte zu sich selbst: „Endlich einer, der es diesem widerlichen Kerl ordentlich gezeigt hat!"

XXXVI

Bis auf diesen kurzen Besuch bei Pilatus verlief der Tag sehr ruhig. Alle hatten mit sich selbst und den Ereignissen des Vortages zu tun. Claudia ließ sich nur zum Mittagmahl kurz blicken, blieb aber wortlos und zog sich nach dem Essen sofort wieder zurück. Metellus war so todmüde, dass das Schlafbedürfnis die Trauer überwand und er sich endlich ausschlafen musste, Robustus schwankte zwischen Glücklichsein über das erhaltene Goldstück und Trauer über den Tod von Jesus hin und her, und Celerus wanderte die Zinnen der Burg entlang, blieb manchmal stehen und sah wortlos in die Ferne. So traf ihn ein anderer Soldat, mit dem sich Celerus gut verstand. Dieser bemerkte die eigenartige Stimmung Celerus' und fragte ihn nach dem Grund. „Ich wünschte, er käme zurück!" antwortete Celerus und es war nicht schwer zu erraten, wen er mit „er" meinte.

Pilatus aber, kaum dass Robustus ihn verlassen hatte, verfiel in tiefes Nachdenken. Hatte er richtig gehandelt? Wollte dieser Jesus wirklich sterben und wenn ja, warum? Krank sah er doch nicht aus! Und dann ärgerte sich Pilatus, dass dieser Barrabas frei gekommen war, noch dazu durch sein, Pilatus', Zutun. Dieser Barrabas war ja ein sehr gefährlicher Kerl und würde sicher weiter Unruhe stiften. Es war nicht abzusehen, wann man seiner wieder habhaft werden würde.

So ruhig dieser Tag verlief, so überstürzten sich am nächsten Tag die Ereignisse. Schon kurz nach Sonnenaufgang entstand unter den Soldaten der Garnison und kurz darauf auch der Palastgarde Unruhe. Es ging das Gerücht um, mit dem Grab des Jesus sei etwas los. Bald darauf ließen sich zwei Mann der Grabwache bei Pilatus melden, sie hätten eine dringende, wichtige Nachricht. Pilatus ließ die zwei sofort kommen und zog Metellus bei. Die zwei Soldaten berichteten, kurz nach Mitternacht sei plötzlich die schwere Steinplatte, welche die Graböffnung verschloss, wie von selbst zur Seite weggefahren, aus dem Grab sei gleißendes Licht herausgeströmt und dann sei in diesem Licht etwas aus dem Grab unsagbar schnell herausgefahren und verschwunden. Sie hätten sich nicht rühren können, wie gelähmt und geblendet wären sie gewesen. Erst nach einiger Zeit hätten sie dann im Grab nachsehen können, es wäre leer gewesen, nur einige Tücher wären zusammengefaltet darin gelegen. Pilatus hielt das alles für Ausreden: Sie hätten geschlafen oder, noch ärger, sie wären bestochen worden. Sie hätten weggeschaut, als andere den Leichnam aus dem Grab räumten, warf er den beiden vor. Aber die beteuerten, sie hätten Wache gehalten, so wie es ihnen aufgetragen wurde, und sie wären bereit, das mit jedem Eid zu beschwören. Pilatus ließ die anderen Leute der Grabwache kommen und verhörte jeden einzeln. Die Aussagen deckten sich völlig, es gab keinerlei Widersprüche. Pilatus war ratlos, beschloss aber, sich selbst den Ort des Geschehens näher anzusehen. So ritt er mit Metellus, zur Sicherheit begleitet von einem Dutzend Soldaten, zum Grab. Er fand die Lage so, wie es die beiden Soldaten geschildert und die anderen bestätigt hatten, und einige Frauen, die sich mittlerweile beim Grab eingefunden hatten, beschworen, sie hätten nichts verändert. Pilatus prüfte die kreisrunde, fast mannshohe Steinplatte, die beim Begräbnis als Verschluss des Grabes vor dessen Öffnung gerollt und zu beiden Seiten durch schwere Steine gegen Verrollen blockiert worden war. Diese Steinplatte stand nun seitlich der Graböffnung und bei näherer Betrachtung fiel es Pilatus auf, dass die Blockiersteine nach wie vor zu beiden Seiten der Steinplatte lagen und dass die Siegel, mit denen man diese Steine mit der Platte verbunden hatte, unversehrt waren. Das Ganze war so, als hätte man die große Platte zusammen mit den beiden Blockiersteinen von der Graböffnung weg gehoben und zur Seite gestellt, was aber in Anbetracht der Gewichtes allein der Platte auch für mehrere Menschen völlig unmöglich war. Pilatus erkannte daraus, dass dieser Sachverhalt die Aussagen der Grabwachesoldaten voll bestätigte. Als er Metellus darauf aufmerksam machte, begann dieser zu ahnen: Das konnte nur Jesus selbst oder sein Gott gemacht haben. Lebte Jesus also etwa wieder?

Mittlerweile hatte auch Kaiphas von der Leere des Grabes erfahren und war gekommen. Wortlos und finsteren Gesichtes betrachtete er die Situation und eilte dann gleich zum Tempel zurück. Dort ließ er sofort verkünden, Anhänger des Jesus hätten seinen Leichnam aus dem Grab gestohlen und weggeschafft. Er negierte dabei völlig die Unversehrtheit der Versiegelung des Grabverschlusses und ließ es offen, wie sich die Wachen verhalten hätten, denn jedweder Vorwurf, ob Bestechung oder Schlaf, hätte ihm Schwierigkeiten mit Pilatus eingebracht.

Pilatus war sich nicht klar, was die neue Situation für ihn bedeute. Es schien ihm höchst unwahrscheinlich, dass Unbekannte diesen Jesus aus dem Grab weggeschafft hätten, dagegen sprachen zu deutlich die Unversehrtheit der Siegel an den Steinen und die Aussagen der Grabwachesoldaten. Und hatte ihm nicht erst gestern Kaiphas mitgeteilt, dass dieser Jesus prophezeit hatte, er werde am dritten Tage wieder auferstehen? Sollte diese Prophezeiung Wahrheit geworden sein? Aber wozu hatte sich dieser Jesus dann hinrichten lassen? Der war doch offensichtlich kein gewöhnlicher Mensch gewesen, sondern irgendwie ein übernatürliches Wesen, möglicherweise ein Gott, der Menschengestalt angenommen hatte. Von den Göttern, die Pilatus schon von Kind auf vertraut waren, war solches ja mehrfach bekannt. Für einen Gott war alles möglich, das würde auch die vielen Krankenheilungen bis hin zur Totenerweckung erklären, aber nicht den Sinn seines Leidens und Sterbens. Sollte damit etwa gezeigt werden, dass es nach dem irdischen Tod doch ein irdisches Weiterleben gab? Aber dagegen sprach jedwede Erfahrung mit der Umwelt und schließlich blieb dieser Jesus ja verschwunden, niemand hatte ihn seither gesehen. So sehr Pilatus auch grübelte, auf diese letzte Frage fand er keine Antwort.

Am späten Nachmittag ging Pilatus hinauf zu den Zinnen der Burg. Die Sonne war schon im Untergehen, ihre letzten Strahlen leuchteten noch über die fernen Berge und hüllten die vor der Burg liegende Stadt, aus der man die Geräusche der Handwerker und Straßenhändler leise hören konnte, in ein eigenartiges Licht. Pilatus war stehen geblieben, um diesen schönen Ausblick zu genießen, da legten sich plötzlich zwei zarte Arme um seine Schultern und ein Gesicht schmiegte sich an seinen Rücken. Es war Claudia. Langsam und vorsichtig drehte sich Pilatus um, sodass er seiner Frau ins Gesicht sehen konnte. Sie schien ihm so schön wie noch nie und ihre Augen leuchteten wie zwei Sterne, als sie leise flüsterte: „Pontius, ich meine....ich glaube.... wir werden ein Kind bekommen!" Wortlos nahm Pilatus sie in die Arme und küsste sie.

Eine ganze Weile standen sie so, eng aneinander geschmiegt und glücklich. Dann, es war schon dämmerig geworden, sagte Claudia: „Ich habe ihn darum gebeten!" „Wen?" antwortete ihr Mann verständnislos. „Jesus." Und dann erzählte sie, wie es zugegangen war, als sie vom Fenster aus den Prozess verfolgte. Pilatus hörte schweigend zu und als Claudia geendet hatte, fühlte er, dass er der Lösung der Frage, mit der er sich vorhin so beschäftigt hatte, einen großen Schritt näher gekommen war.

XXXVII

Nach ein paar Tagen gab es plötzlich ein Gerücht: Jesus wäre gesehen worden, so, wie man ihn von früher gekannt hätte. Zuerst hielt man das für einen Irrtum, aber dann kam eine weitere Meldung gleichen Inhaltes, kurz darauf eine dritte, so dass letztlich immer stärker Zweifel daran aufkamen, dass Jesus nach wie vor tot sei, wenn auch sein Leichnam auf ungeklärte Weise verschwunden war. Vielmehr fingen immer mehr an, daran zu glauben, dass es wahr sei, dass dieser Jesus ohne fremde Hilfe aus seinem Grab herausgekommen war und nun im Land umherzog.

Das kam natürlich auch Kaiphas zu Ohren und dem wurde bange. In der kurzen Zeit seiner Wanderpredigerschaft war es diesem Jesus gelungen, Tausende um sich zu scharen, in Massen waren sie ihm gefolgt, und es wurden immer mehr, bis zuletzt. Und nun war dieser Jesus wieder unterwegs! Was, wenn sich die Ereignisse von früher jetzt wiederholten? Und womöglich verstärkt durch den Hinweis auf seine eigene Auferstehung? Da musste etwas geschehen, er, Kaiphas musste handeln, und zwar rasch. So verfügte er zunächst, dass jeder, der diesen Jesus sähe, verpflichtet wäre, ihn festnehmen zu lassen. Aber das erwies sich als praktisch undurchführbar. Hunderte, die Jesus früher gesehen hatten und von dessen Wundern berichteten, dachten gar nicht daran, dieser Weisung nachzukommen, und als Kaiphas Schergen aussandte, um des Jesus habhaft zu werden, machten diese die Erfahrung, dass Jesus immer wieder an einem ganz anderen Ort gesehen wurde als zuletzt, oft an mehreren Orten zugleich. Daher hatte keiner dieser Suchtrupps Erfolg. Mehr noch: Es zeigte sich, dass eine Erklärung, die Kaiphas zunächst noch in Betracht gezogen hatte, nicht mehr haltbar war, nämlich: Dass jemand, der dem verstorbenen Jesus ähnlich sah und somit als Doppelgänger von Jesus in Betracht kam, als Nachfolger in dessen Rolle ge-schlüpft war und sich als der Verstorbene ausgab. Daher er-kannte Kaiphas nach kurzer Zeit die Erfolglosigkeit seiner bis-herigen Bemühungen in den ländlichen Gegenden und verlegte seine Tätigkeit auf die Stadt Jerusalem, wo sich Jesus zunächst nicht gezeigt hatte. Mit aller Härte ging er gegen alle vor, von denen bekannt war oder auch nur vermutet wurde, dass sie mit der Sektierer-Lehre dieses Jesus sympathisierten. Auch ge-gen Nicodemus wollte man vorgehen, aber der war gewarnt worden oder hatte die Gefährlichkeit der Situation erkannt und sich rechtzeitig auf eine Einkaufsreise nach Osten begeben.

Einige Tage später, Pilatus und seine Begleitung trafen gerade die Vorbereitungen für die Rückreise nach Caesarea, lie-ßen sich wieder zwei Juden bei Metellus melden, und dies ebenso wie einige Tage zuvor mit dem Hinweis auf eine Nach-richt über Jesus aus Nazareth. Als Metellus zu ihnen kam, er-kannte er in einem der beiden Andreas wieder, der andere wurde ihm als Thomas, ebenfalls einer aus der Gefolgschaft des Jesus, vorgestellt. Andreas berichtete, sie und ihre Freunde hätten sich vor etwa einer Woche heimlich getroffen, um des verstorbenen und verschwundenen Jesus zu gedenken, nur Thomas wäre nicht dabei gewesen. Sie hätten die Türen zum Raum, in dem sie sich aufhielten, verschlossen gehalten, denn sie hätten erfahren, dass ihnen und allen, die mit Jesus sympa-thisierten, die Verhaftung drohe. Da hätten sie aber auf einmal unerwarteten Besuch bekommen: Jesus wäre durch die ver-schlossenen Türen hindurch eingetreten, so, als wären diese Türen überhaupt nicht vorhanden. Natürlich hätten ihn alle er-kannt, sich über sein Erscheinen gefreut, mit ihm gesprochen und dann auch gegessen. In den nächsten Tagen hätten sie das Thomas berichtet, aber der hätte ihnen nicht geglaubt, schließ-lich sei die Möglichkeit eines Doppelgängers nicht auszuschlie-ßen, so meinte er. „Nun setze Du fort" wandte sich Andreas zu Thomas. „Ich bin einer, der nicht alles gleich glaubt, was man mir erzählt" begann Thomas, „ich überzeuge mich am liebsten selbst und versuche, der Sache auf den Grund zu gehen. Ge-stern abends waren wieder alle zusammen, am gleichen Ort wie vorhin, diesmal war ich dabei und wieder kam Jesus zu Besuch. Er forderte mich auf, mich selbst zu überzeugen, dass er es sei, er sagte mir, ich solle doch die Wundmale der Kreuzigung an seinen Händen und eine Stichwunde an seiner Seite abfühlen. Ich tat es: es war kein Zweifel mehr möglich, er war es wirklich." „Wir wollten Dir das nur mitteilen, weil wir dachten, dass es für Dich wichtig sein könnte", ergänzte Andreas und fügte noch hinzu: „Und dann wollten wir Dir noch für Deinen Einsatz für Jesus danken. Du hast Dein Versprechen, etwas zu tun, eingehalten, man hat uns berichtet, wie Du den Anklagepunkt, Jesus wiegle die Massen gegen den Kaiser auf, entkräftet hast." Dann verabschiedeten sich die beiden und gingen.

Nun war aller Zweifel behoben. Metellus berichtete Pilatus, was er erfahren hatte, und dann Robustus und Celerus, von denen erfuhren es alle, die daran interessiert waren. Das sprach sich natürlich herum und war bald Gegenstand allgemeiner Diskussion. Robustus kommentierte die Situation mit den Worten: „Wenn er mich gesund gemacht hat, so kann er sicher auch sich selbst gesund machen, egal, was mit ihm vorher passiert ist." Celerus sagte, er hätte das alles schon früher geahnt, sich aber nicht getraut, es laut zu sagen.

Aber jene, die sich am meisten über die ihr zugetragene Nachricht freute, war Claudia. Zu ihr war Pilatus, der das Gefühl hatte, dass er sie sofort informieren müsse, selbst gegangen und hatte ihr gesagt, was ihm Metellus berichtet hatte. Wortlos fiel ihm Claudia um den Hals und küsste ihn.

XXXVIII

Es waren ein paar Jahre vergangen, in denen sich für Metellus einiges verändert hatte: Von Jerusalem nach Caesarea zurückgekehrt, folgte zunächst eine ruhigere Zeit, denn in dieser Stadt war man ungleich sicherer als in Jerusalem. Bald aber kamen aus Judäa und insbesondere aus Jerusalem schlechte Nachrichten: Kaiphas verfolgte unbarmherzig alle, die mit der Lehre des Jesus sympathisierten, es wurden immer wieder Todesurteile verhängt, mitunter ohne vorhergehendes ordentliches Gerichtsverfahren, so wurde sogar ein angesehener Bürger namens Stephanus gesteinigt, und das in Gegenwart eines Abgesandten aus Rom, der sich ebenfalls gegen die neue Glaubensrichtung stark machte, weil er diese als im Gegensatz zur Göttlichkeit des Kaisers stehend empfand. Die Situation für die Anhänger der neuen Glaubenslehre wurde so gefährlich, dass sich viele genötigt sahen, Jerusalem zu verlassen und sich weitab eine neue Heimat zu suchen.

Dazu kam, dass die Sicherheit der römischen Besatzung immer mehr ins Wanken kam, es häuften sich die Überfälle, Hinterhalte und Attentate, sodass bald kein Tag verging, an dem es nicht zu einem Übergriff Aufständischer kam. Die Verluste nahmen ständig zu, sodass vorauszusehen war, dass es in Rom über kurz oder lang zu einer Entscheidung für eine bewaffnete Auseinandersetzung größeren Ausmaßes kommen würde, um den bestehenden Problemen mit Gewalt ein Ende zu bereiten. Es würde zu Kämpfen, ja Schlachten kommen, mit vielen Toten auf beiden Seiten. Metellus wollte das nicht miterleben und hatte daher die Entscheidung getroffen, den Militärdienst aufzugeben. Pilatus ließ ihn ungern ziehen, gerade in der bestehenden heiklen Situation hatte er einen umsichtigen Mann wie Metellus bitter nötig. Dem fiel der Abschied von seiner Truppe schwer, insbesondere von Robustus und Celerus. Man versprach einander, sich zu besuchen, obwohl bei jedem die fast sichere Gewissheit bestand, dass sich das nicht würde realisieren lassen.

Metellus hatte sich also auf das Gut seiner Eltern zurückgezogen. Das verwaltete nun sein Bruder, die beiden Eltern waren alt und grau geworden, aber beide schlossen Metellus bei seiner Ankunft glücklich in die Arme. Nach etwas mehr als einem Jahr im Elternhaus heiratete Metellus, nach einem weiteren Jahr gebar ihm seine Frau Antonia einen gesunden Knaben.

Natürlich waren Metellus' Erlebnisse in Judäa bald das allgemeine Gesprächsthema, und immer mehr Leute wollten Näheres über diesen Jesus aus Nazareth wissen. So entstanden bald regelmäßige Zusammenkünfte, in denen Metellus erzählte und Fragen beantwortete. Es schien alles glücklich zu verlaufen, bis eines Tages ein unerwarteter Besuch kam. Es war Claudia, die Frau des Pilatus. Die Wiedersehensfreude bei Metellus war groß, aber Claudia sagte bald, dass sie nicht aus purer Höflichkeit gekommen war, es stünde vielmehr eine ernste Angelegenheit dahinter. „Höre, Metellus, Du weißt, dass mein Mann in Judäa viele Feinde hat. Nicht nur die Aufständischen, die immer mehr werden und immer aggressiver, sondern auch Kaiphas und seine Leute. Auf König Herodes ist auch kein Verlass, er hat ja mit seinen Leuten im Jesus-Prozess gegen Jesus und für diesen Mörder Barrabas gestimmt. Du weißt auch, dass man Pontius die Finanzierung der Wasserleitung aus dem Tempelschatz nicht verzeihen will, so als ob sie nicht sauberes Wasser nötiger hätten als diesen Schatz, und dann rühren sie auch die Sache mit dem Tod der Gruppe der Aufständischen im Tempel immer wieder auf und anderes mehr. Sie versuchen daher, meinem Mann zu schaden, wo immer sie können, nach Möglichkeit auch in Rom. Mit den erwähnten Vorfällen kommen sie aber dort nicht durch: Zur Wasserleitung heißt es: ,Hätten wir vielleicht Euer Wasser zahlen sollen?' und zur Tempelsache: ,Macht nicht ständig bewaffnete Überfälle, dann wird so etwas nicht mehr passieren.' Sie haben daher einen anderen, gefährlicheren Weg beschritten: Sie haben einige raffinierte Leute mit viel Geld nach Rom geschickt. Die haben sich dort umgehört und bald herausbekommen, wer für wen ist und wer gegen wen. Nun hat mein Mann in Rom nicht nur Freunde, es gibt auch einige, die ihm seine Stellung neiden. An die haben sie sich herangemacht, wahrscheinlich haben sie mit Geschenken und Geld nachgeholfen. Wie immer, sie haben diese Personen so weit gebracht, dass sie gegen meinen Mann die Anklage erhoben haben, er hätte mit Jesus einen Unschuldigen hinrichten lassen. Denn aus den Prozessakten gehe hervor, dass mein Mann Jesus mehrmals als unschuldig bezeichnet hat. Sein Versuch, Jesus gegen Barrabas zu stellen, wendet sich nun gegen Pontius selbst: Ein Mörder eines römischen Soldaten kam frei. Mein Mann hat vorgebracht, er hätte den Eindruck gehabt, Jesus strebe seinen eigenen Tod an, sie glauben ihm aber nicht. Die Sache mit dem nächtlichen Befreiungsversuch hat mein Mann noch nicht vorgebracht, auch das würden sie ihm ja nicht glauben, denn er hat dafür keine Zeugen mehr finden können. Robustus und Celerus sind tot, wer sonst noch außer Dir mitgemacht hat, wissen wir nicht. Du bist also der Einzige, der uns helfen kann. Ich bitte Dich nun: Du musst Pontius helfen. Sage als Zeuge aus, was Du darüber weißt."

„Du musst helfen!" Wieder diese Worte! Metellus hatte sie schon zweimal gehört, damals in Germanien und später in Jerusalem von den beiden Gefolgsleuten Jesus'. Bei diesen beiden Ereignissen hatte er zunächst nicht gesehen, wie er helfen könne, aber dieses Mal war es ihm klar, er konnte helfen, und zwar einfach durch seine Zeugenaussage: „Claudia, selbstverständlich bin ich dazu bereit, Du und Dein Mann können auf mich zählen!"

Metellus erkundigte sich dann noch, woran Robustus und Celerus gestorben waren und erfuhr Unfassbares: Robustus, dem kein Gegner im Kampf hatte standhalten können, ihn hatte ein winziges Tier zu Tode gebracht: „Er war dabei, etwas Süßes zu essen und hat einen Bissen in den Mund gesteckt ohne darauf zu achten, dass sich eine Wespe darauf gesetzt hatte. Das Insekt hat ihn in den Rachen gestochen und Robustus ist qualvoll erstickt. Celerus hingegen ist mit einer Handvoll anderer Krieger bei einem Kontrollgang in einen Hinterhalt geraten. Als sie nicht zurückkamen, forschte man nach und fand ihre verstümmelten und aller wertvollen Sachen beraubten Leichen. Celerus hatte die Wunden an der Stirn und in der Brust, er hatte also nicht versucht, sich mit seiner Schnelligkeit zu retten, sondern er hatte seine Kameraden nicht im Stich gelassen und ist kämpfend mit ihnen gestorben." Metellus kamen fast die Tränen in die Augen, als er ihrer beider gedachte. Wie viel hatte er mit ihnen erlebt und wie oft hatten sie ihm geholfen!

Nach etwa zwei Wochen kam aus Rom die Ladung, als Zeuge im gegen Pilatus geführten Prozess auszusagen. Metellus ritt hin und stellte sich den Fragen, deren erste vorauszusehen waren: Ob er mit Pilatus verwandt oder verschwägert sei?

„Nein". Ob er bei Pilatus im Dienst stehe? „Nein, das war früher bis vor einigen Jahren, seither nicht mehr." Ob er bei Pilatus Schulden oder sonstige Verbindlichkeiten habe? „Nein" antwortete Metellus lächelnd und dachte an die Lagerkasse und wie elegant Pilatus das dort bestehende Problem aus der Welt geschafft hatte. Dann kam man zur Sache: Ob er sich an den Prozess gegen Jesus erinnern könne? „Ja." Ob er den Eindruck gehabt habe, dass Jesus zu Recht zum Tode verurteilt worden wäre? Metellus überlegte: Das war eine heikle Frage. Schließlich antwortete er: „Unter normalen Umständen würde ich mit ‚Nein' antworten. Aber Jesus wollte zum Tod verurteilt werden." Das Erstaunen und der Zweifel waren allgemein: Kein Mensch wolle doch sterben und schon gar nicht auf solche Art? „Dieser schon, ich bin mir da sicher." Woher er das wisse? „Nun, zunächst hat dieser Jesus alles getan, dass es zu seiner Verurteilung kam: Er hat sich überhaupt nicht verteidigt, nicht einmal gegen Anklagepunkte, die er leicht selbst hätte widerlegen können. Bei zweien dieser Punkte haben es meine Leute für ihn getan, das muss in den Prozessakten stehen. Dann haben die Ankläger vorgebracht, er, Jesus, hätte sich selbst zum König gemacht und wer das mache, wende sich gegen den Kaiser. Jesus hat auf Befragen bestätigt, dass er ein König sei. Das hat es Pilatus schwer gemacht, ihn völlig frei zu sprechen. Pilatus hat aber dennoch einen weiteren Versuch gemacht, er hat Jesus gegen den Barrabas zur Wahl gestellt. Es war nicht vorauszusehen, dass sich eine Mehrheit für Barrabas ergeben würde, denn sie wussten, dass Barrabas einen römischen Soldaten ermordet hatte. Und vor allem: Zwischendurch hat Pilatus Jesus zu König Herodes geschickt. Von dort wäre er leicht zu befreien gewesen. Ein solcher Versuch hat mit Kenntnis und Einverständnis von Pilatus stattgefunden, aber Jesus hat nicht mitgemacht." Wie das vor sich gegangen wäre? Metellus schilderte nun genau, wie sie versucht hatten, Jesus zu befreien, Jesus sich aber geweigert hatte. Als Metellus in die ungläubigen Gesichter der Richter sah, fügte er hinzu: „Robustus und Celerus waren dabei, sie könnten es bezeugen, aber ich habe gehört, dass sie nicht mehr leben. Jedoch erinnere ich mich an einen anderen, der mitgemacht hat, er hieß Gerantius. Er hat von mir für seine Mitarbeit ein Goldstück bekommen. Daran kann er sich sicher erinnern, denn ein Goldstück für ein letztlich völlig problemloses und friedliches Unternehmen, das nicht einmal zwei Stunden gedauert hat, erhält man nicht alle Tage. Und ich selbst sowie Robustus, Celerus, Gerantius und zwei andere hätten zu der Zeit, in der dieses Unternehmen stattfand, Wache gehabt. Ich habe aber mit Salvius, einem anderen Gardehauptmann und Robustus, Celerus und die drei anderen haben mit Leuten aus dessen Truppe getauscht, es hat mich zwei Denare pro Person gekostet, fragt Salvius, er wird sich an diesen Tausch sicher erinnern können. Und vielleicht kann auch jemand aus der damaligen Torwache von König Herodes bestätigen, dass wir dort waren und Einlass bekamen."

Metellus hatte das so fest vorgebracht, dass es – zusammen mit den zahlreichen Zeugenangeboten – Eindruck machte. Aber nach einer Weile wurde weiter gefragt. Woher er wisse, dass das, was er gerade geschildert habe, mit Einverständnis von Pilatus geschehen sei? „Ich habe zuvor mit Pilatus darüber gesprochen. Ich habe ihm sogar den erwähnten Wachetausch angegeben." Ob Pilatus etwas dagegen gesagt hätte? „Nein, ich hatte den Eindruck, dass es ihm sehr gelegen kam, was ich ihm vortrug." Wieder ein Pause, und dann kam noch eine Frage: Wieso ihm denn so viel daran gelegen sei, Jesus frei zu bekommen? Wie er selbst sage, hätte ihn das Unternehmen, obwohl erfolglos, recht viel Geld gekostet? Was stecke also dahinter? Metellus war diese Frage nicht angenehm: Sollte er nun sagen, dass es sich um jenen Mann handelte, der von den Juden als Messias erwartet wurde, sich selber als Sohn Gottes bezeichnete und es allem Anschein nach auch war? Er, Metellus, wusste ja, dass diese neue Religion in Rom gar nicht gut geheißen wurde, da sie als im Gegensatz zur Göttlichkeit des Kaisers stehend aufgefasst wurde. So antwortete er nur: „Aus Dankbarkeit diesem Jesus gegenüber. Er hat ja den Robustus geheilt, meinen besten Mann, dem kein Arzt mehr helfen konnte. Auch das steht in den Prozessakten." Damit ließ man Metellus gehen.

Zwei Wochen später kam Claudia nochmals vorbei. Sie bedankte sich für Metellus' Hilfe, die wäre sehr wertvoll gewesen. Insbesondere seine Angabe, dass der Befreiungsversuch mit Kenntnis und Einverständnis von Pilatus geschehen wäre, sei entscheidend dafür gewesen, dass man die wesentlichen Punkte der Anklage fallen ließ. Pilatus wurde daher lediglich von Judäa abgezogen und nach Hispanien versetzt, worüber weder er noch Claudia unglücklich waren.

Dass die Sache noch ein Nachspiel haben würde, konnte Metellus nicht ahnen.

XXXIX

Überraschend erhielt Metellus nach wenigen Monaten die Nachricht, er solle nach Rom kommen und sich dort bei einer Stelle melden, deren Name ihm nichts sagte. Als er dort eintraf, wurde er von einem Mann befragt, der offensichtlich ein ehemaliger Soldat war, Schmisse im Gesicht zeugten davon und vor allem ein verstümmelter Arm. Metellus bemerkte es, maß dem aber keine Bedeutung bei.

Der Mann fragte zunächst nach Metellus' militärischer Tätigkeit. Metellus nannte seine Einsatzorte in Germanien, bei Kapharnaum und in der Garde von Pilatus. Es fiel ihm auf, dass der Mann bei der Erwähnung des Ortes in Germanien nickte und ebenso bei Metellus' Antwort auf die Frage, wo er die Corona Civica bekommen hätte.

Aber dann kam der Mann mit seinen Fragen auf ein anderes Gebiet: Metellus befände sich hier bei einer Stelle, deren Aufgabe es sei, die Tätigkeit jener Personengruppen zu überwachen, die an einen gewissen Jesus glaubten und die man die Christen nenne. Diese Gruppen machten sich verdächtig, sich gegen den Kaiser zu wenden, schon jetzt würden sie ja die Göttlichkeit des Kaisers ablehnen. Ob er, Metellus, sich zu einer solchen Gruppe bekenne? „Ja" antwortete Metellus, „ich glaube an diesen Jesus, dass er von einem allmächtigen Gott kommt. Aber ich wende mich nicht gegen den Kaiser, ich habe ihm treu gedient und werde es weiter tun. Nur kann ich nicht glauben, dass er göttlich ist. Das Wesen eines Gottes ist doch die Unsterblichkeit, aber unser Kaiser wird sterben müssen, so wie auch alle Kaiser vor ihm." „Aber dieser Jesus, an den Du glaubst, ist ja auch gestorben, sogar als Verbrecher am Kreuz." „Ja, aber er ist wieder auferstanden, hat also den Tod überwunden. Das wird unser Kaiser nicht können." „Du hast Dich in Jerusalem sehr um diesen Jesus bemüht, wie aus den Pilatus-Prozessakten hervorgeht. Du wolltest ihn sogar aus der Gefangenschaft bei Herodes befreien. Warum das ?" „Ich verstand damals nicht, warum Jesus sterben wollte und unternahm daher den Versuch, ihn zu befreien. Jetzt weiß ich, dass er mit seinem Sterben gezeigt hat, auch Macht über den Tod zu haben, sogar über seinen eigenen, und so glaube ich ihm, dass er auch Macht über unseren Tod haben wird, über Deinen und meinen." Der Mann stand auf und schickte den Schreiber, der alles protokolliert hatte, fort. Er trat dann nahe zu Metellus, legte ihm eine Hand auf die Schulter und sagte leise: „Höre, Metellus, der Mann, dem Du in Germanien das Leben gerettet hast, wofür Du die Corona Civica bekommen hast, bin ich. Ich habe Dir damals versprochen, Dir ewig dankbar zu sein. Und jetzt bin ich in der Lage, Dir etwas an Dank abzustatten. Siehe, ich muss einen Bericht schreiben über unser heutiges Gespräch. Diesen Bericht werde ich so abfassen, dass sie Dir jetzt nichts tun werden. Aber ich kann nicht verhindern, dass sie Dich unter Beobachtung halten werden, denn ihnen sind die regelmäßigen Zusammenkünfte mit Gleichgesinnten nicht geheuer. Dazu kommt, dass die Praxis, wie Christen einzuschätzen und zu behandeln sind, von Tag zu Tag schärfer wird. Besonders verdächtig sind jene, die zum engsten Freundeskreis dieses Jesus gehört haben und zu diesem Umfeld gehörst auch Du, denn in dieser Beziehung hast Du Dich vor dem Gericht, das über Pilatus zu entscheiden hatte, selbst belastet. Daher höre meinen Rat: Verschwinde von Rom und seiner Umgebung! Gehe möglichst weit fort, etwa nach Hispanien oder Britannien, dort findet Dich niemand, dort bist Du sicher. Hörst Du? Verschwinde!" „Ich danke Dir", antwortete Metellus, „ich werde über Deinen Rat nachdenken."

Zu Hause besprach er die Situation mit Antonia. Wegzu-ziehen, das hieß alles hier aufgeben, das vertraute Elternhaus, die Eltern, die alt geworden waren und seine Hilfe brauchten, die Freunde. Alles das eintauschen gegen eine unsichere Zu-kunft in einem fremden Land? Nach Hispanien zu Pilatus konnte er nicht gehen, dort würden sie ihn zuerst suchen, denn sein Naheverhältnis zu Pilatus war ja bekannt. Und sich im fremden Land zu verstecken, ging auch nicht. Es würde sich, da er an seinem Glauben festhalten wollte, bald herum-sprechen, dass er Jesus noch selbst getroffen und mit ihm ge-sprochen hätte. Suchte man ihn, so wäre es daher für die Hä-scher leicht, ihn zu finden.

Er und Antonia beschlossen daher, zu bleiben.

XL

Sie bildeten eine kleine Gemeinde in der Gegend, in der Metellus zu Hause war. In einem kleinen Raum kamen sie re-gelmäßig zusammen, um über Jesus zu reden, so auch an ei-nem Abend, sechs Frauen und zwei Männer. Antonia war zu Hause geblieben, sie fühlte sich nicht wohl. Metellus konnte viel berichten, wie es um Jesus zugegangen war. Atemlos folg-ten die Zuhörer seiner Erzählung von der Heilung des Robus-tus, über Celerus' Berichte über die Verwandlung von Wasser in Wein und die sieben süßen Fladen des Robustus. Da wurde plötzlich die Türe des Raumes aufgerissen, ein Trupp Soldaten stürmte herein und nahm alle fest. Sie wurden nach Rom ge-bracht und in ein Gefängnis geworfen. Am nächsten Tag kam einer nach dem anderen vor ein Gericht, die Anklage lautete auf wiederholte Tätigkeit in einer subversiven Organisation. Da darunter die Glaubenslehre des Jesus zu verstehen war, konnte und wollte niemand leugnen. Man verlangte von ihnen, diesem Glauben abzuschwören und drohte mit Gefängnisstra-fen, aber keiner tat es.

Dann sonderte man Metellus ab, er kam vor einen neuen Richter. Dieser Mann gefiel Metellus schon beim ersten Anblick nicht, er grinste öfters, besonders dann, wenn er etwas Unangenehmes sagte. „Auf Dich, Metellus" grinste er, „haben wir direkt gewartet. Wir brauchen solche Leute für die Arena. Dort wirst Du gegen einen anderen Krieger kämpfen, bis einer von Euch tot ist." „Und was geschieht mit dem Sieger?" „Wenn Du dreimal hintereinander gewinnst, bist Du frei." „Das heißt, ich soll drei schuldlose Leben vernichten, um frei zu kommen?" „Ja", sagte der Mann, grinste und schien überhaupt nichts dabei zu finden. Nach einer Pause fragte Metellus: „Hast Du da keine andere Möglichkeit für mich?" Wieder grinste der Mann, als er langsam, als hätte er Genuss daran, antwortete: „Ja, wenn es Dich gelüstet, kann ich Dir folgendes bieten: Du kämpfst gegen zwei Raubtiere." „Gegen Raubtiere?" „Ja, Löwen, Tiger, Panther oder so" grinste der Mann, als hätte er gesagt: gegen Hasen, und setzte fort: „Ihnen sind einige Frauen zum Fraß geboten. Gelingt es Dir, beide Raubtiere zu töten, kommen die Frauen frei." „Und ich?" „Du kommst danach für drei Jahre in die Gladiatorenschule als Lehrer. Wir brauchen Leute, die anderen beibringen, wie man um sein Leben kämpft." „Und dann?" „Dann bist Du frei", sagte der Mann und er brauchte nicht hinzuzufügen: Wenn Du es erlebst.

Metellus bat um Bedenkzeit und darum, die Angelegenheit mit einer Person seines Vertrauens besprechen zu können. Der Mann gab ihm drei Tage Frist und fügte grinsend hinzu: „Du kannst Dir Deine Vertrauensperson auch draußen suchen!" Metellus hätte gerne davon Gebrauch gemacht, aber es war ihm sofort klar, dass er damit die Vertrauensperson sofort in die gleiche Lage gebracht hätte, in der er selbst war. Er antwortete daher: „Bis ich draußen jemand Geeigneten finde, sind die drei Tage vorbei, hast Du nicht ein Verzeichnis derer, die hier aus demselben Grunde wie ich gefangen sind?" Natürlich hatte der Mann eine solche Liste und als Metellus sie durchsah, entdeckte er den Namen „Nicodemus". Metellus ließ fragen, ob dieser Mann aus Jerusalem stamme. Er erhielt die Information, dass dieser Nicodemus zwar lange Zeit als Tuchkaufmann in Jerusalem gelebt hatte, aber von einer Einkaufsreise nicht wieder nach Jerusalem zurückgekehrt war, sondern sich in Rom als Tuchhändler niedergelassen hatte. Auf Grund seiner guten

Verbindungen nach dem Osten konnte er seltene Ware in bester Qualität anbieten, was ihm bald zahlreiche vermögende Kundschaft zuführte. Das erweckte wahrscheinlich den Neid ansässiger Händler. Dazu kam, dass er nicht verheimlichen konnte und wollte, dass er ein Anhänger der neuen Glaubenslehre sei und dass er den Gründer dieser subversiven Richtung, den Jesus aus Nazareth, persönlich gekannt hatte. Eine darauf gestützte anonyme Anzeige, vermutlich von Nicodemus' Konkurrenten, machte ihn verdächtig. Man nahm Nicodemus daher fest, im Verhör gab er die Bekanntschaft mit Jesus zu.

Metellus erkannte, dass es sich um denselben Nicodemus handelte, zu dem sich die beiden Anhänger Jesus' geflüchtet hatten, bevor sie in der Nacht vor dem Prozess gegen Jesus Metellus um Hilfe gebeten hatten. Als man Metellus unter Bewachung zu Nicodemus führte, saß der in einer kleinen Gefängniszelle auf einem Stein und hob überrascht den Kopf, als man Metellus nach Öffnung des Gitters in den Raum hinein schob und hinter ihm sofort wieder zusperrte.

Metellus grüßte, nannte seinen Namen und fügte hinzu: „Ich bin jener Centurio, der Jesus gebeten hat, seinen Soldaten zu heilen und der Herr hat meine Bitte erhört." „Sei mir willkommen, Metellus, gehe ich recht in der Annahme, dass Du meinen Rat brauchst?" „Ja, ich bin in einer heiklen Situation, in der es um mein Leben geht." Und dann schilderte Metellus die beiden Varianten, für deren eine er sich entscheiden müsse. Nicodemus hatte aufmerksam zugehört und fragte dann: „Wie siehst Du bei den beiden Varianten Deine Chancen, Dein Leben und das anderer zu retten?" „Wenn sie mir im Kampf gegen die drei anderen Krieger nicht sehr gute Leute gegenüberstellen, werde ich gewinnen, aber soll ich drei schuldlose Menschen töten, nur um mich zu retten? Der andere Weg ist schwerer einzuschätzen. Ich habe keine Erfahrung im Kampf mit Raubtieren. Hier meine ich, nur eine sehr geringe Aussicht zu haben, mein Leben retten zu können. Und wenn ich es nicht kann, dann sind auch die Frauen dem Tod ausgeliefert. Was meinst Du nun, was ich tun soll?" Nicodemus schwieg eine Weile. „Metellus", sagte er dann fest, „wäge ab: Im Kampf gegen die drei Gladiatoren kannst Du Dein Leben retten, aber sicher ist es nicht, dass Du dreimal gewinnst. Aber selbst wenn, kostet es drei anderen das Leben, wie Du es schon richtig gesagt hast. Im Kampf gegen die Raubtiere hingegen kannst Du nicht nur Dein Leben retten, sondern auch jenes der Frauen und Du musst keinen Menschen töten. Versuche so viel Erfahrung wie möglich zu gewinnen, wie sich solche Bestien verhalten. Und vergiss eines nicht: Wenn der Herr es zugelassen hat, dass Du in eine derartige Lage kommst, dann wird er Dir auch die Kraft verleihen, sie zu meistern, wenn Du ihn darum bittest." Metellus bedankte sich und ging.

Am nächsten Tag ließ er wissen, er habe sich für den Kampf gegen die Raubtiere entschieden, aber er ersuche, sich zuvor über das Verhalten solcher Bestien informieren zu können. Man erlaubte das und Metellus wurde an den nächsten Tagen unter Bewachung in die Häuser reicher Römer gebracht, die ein Vergnügen daran fanden, sich derartige Raubkatzen in Käfigen zu halten. Viel lernte Metellus dabei aber nicht, denn die Tiere trotteten langsam in den Käfigen hin und her oder lagen überhaupt unbeweglich herum und erhoben sich nur dann, wenn ihnen Fressen gereicht wurde, das sie aber weder erjagen noch darum kämpfen mussten. Ein einziges Mal erlebte Metellus eine Löwin in voller Bewegung, als diese gerade fraß und eine große Ratte aus ihrem Loch hervorkam und sich am Fressen beteiligen wollte, was die Raubkatze sofort bemerkte. Sie duckte sich, als wolle sie sich im Boden verstecken, sprang plötzlich auf die Ratte zu und schlug mit der Tatze nach ihr. Metellus ließ dieses Erlebnis tief auf sich wirken.

XLI

Man hatte Metellus die Waffen gegeben, mit denen er seinen Kampf gegen die Raubtiere bestreiten sollte: Ein Schwert, das ihm nicht das Beste zu sein schien und ein üblicher Schild, mit dem er hoffte, die Prankenschläge der Tiere abwehren zu können.

Dann schob man ihn zu einem Tor, das zur Arena führte. Durch das noch geschlossene Tor konnte er das Stimmengewirr der Besucher des Schauspieles hören, Rufe der Anfeuerung, der Überraschung, Schmährufe, alles durcheinander. Man befahl ihm zu warten, bis man ihm durch Öffnung des Tores das Zeichen zum Eintritt in die Arena geben würde. Das Torblatt hatte ein kleine Gucköffnung, durch die Metellus sehen konnte, was gerade in der Arena vorging: Zwei Gladiatoren kämpften gegeneinander, einer wurde am rechten Arm verwundet, sodass ihm das Schwert entfiel. Verzweifelt versuchte er noch, mit dem Schild die Schläge und Stiche des Gegners abzuwehren, bis er schließlich doch getroffen wurde und fiel. Es entstand eine Pause, bis wieder zwei Kämpfer die Arena betraten. Der eine schien Metellus jünger zu sein, er trug einen Dreizack als Waffe und ein Netz. Der andere, ältere Gladiator trat in voller Rüstung an. Der Kampf war bald zu Ende, es gelang dem Jüngeren, das Netz über seinen Gegner zu werfen, den wehrlos darin Verwickelten stach er mit dem Dreizack in den Hals. Nachdem man den toten Gladiator hinausgeschleift hatte, entstand wieder eine Pause, die dem wartenden Metellus endlos schien. Er konnte aber sehen, dass am Rand der Arena Gitter aufgestellt und miteinander verbunden wurden, diese Gitter sollten offenbar verhindern, dass die Raubkatzen, die nun gezeigt werden sollten, ins Publikum springen konnten. Endlich wurden nach einem Fanfarensignal sechs Frauen von zwei Soldaten in die Arena geführt und gezwungen, sich zwischen zwei Säulen in der Mitte der Arena auf eine Bank zu setzen. Mit einer großen Plane deckten die Soldaten die Frauen zu und entfernten sich dann. Nach einem neuerlichen Fanfarenstoß wurde das Tor vor Metellus geöffnet und jemand hinter ihm schrie ihm zu, er solle zu den Frauen gehen. Metellus ging langsam einmal um die beiden Säulen und die Gruppe der Frauen herum, die rechte Hand mit dem Schwert streckte er nach oben. Das gefiel den Zuschauern, wie aus den zahlreichen Zurufen zu entnehmen war, die von den Rängen kamen. Metellus hatte noch Zeit, den Frauen unter der Plane den Rat zu geben, sich nicht zu rühren und keinesfalls aus der Plane herauszutreten, was immer da kommen würde, bis nach einem weiteren Fanfarenstoß gespannte Ruhe eintrat. Metellus stand gerade richtig um zu sehen, dass an jener Seite der Arena, die seinem Eintrittstor gegenüber lag, ein weiteres Tor geöffnet und eine Raubkatze durch einen Spalt des Gitters in die Arena getrieben wurde, worauf man diesen Spalt sofort wieder schloss. Metellus erkannte, dass es eine Löwin war, etwa so groß wie jene Tiere, die er in den Käfigen gesehen hatte. Langsam schlich diese Löwin auf die beiden Säulen zu, sie witterte wohl die dazwischen versteckte leichte Beute, aber Metellus trat zwischen das Tier und die unter der Plane befindlichen Frauen. Die Raubkatze erkannte natürlich, dass Metellus die erhoffte Beute verteidigte und wich zur Seite aus, Metellus folgte nach derselben Seite. Da sich das einige Male wiederholte, wurden einige Zuschauer ungeduldig und forderten Metellus mit Zurufen auf, anzugreifen. Aber der dachte nicht daran, es schien ihm besser, den Angriff des Tieres abzuwarten und der kam früher, als Metellus es erwartet hatte. Die Löwin schlich langsam näher, bis sie etwa anderthalb Mannslängen entfernt war, und duckte sich. Metellus wusste, dass nun der Angriff kommen würde, aber er war darauf vorbereitet, hunderte Male hatte er es geübt in seiner Vorbereitung auf diesen Kampf in der Arena. Als die Löwin sprang, warf er sich nach rechts, fing mit dem Schild den Hieb der linken Tatze des Tieres ab, drehte sich im Fallen nach links und stieß mit dem rechten Arm das Schwert in den Leib der Raubkatze. Ein lauter Schmerzensschrei des Tieres bestätigte ihm, dass er getroffen hatte, ebenso, als er, noch am Boden liegend, sah, dass die Schwertklinge blutig war. So rasch wie möglich erhob er sich und bemerkte, dass das Tier blutend und zusammengekrümmt am Boden kauerte und sich die Wunde leckte. Als Metellus einen Schritt gegen die Bestie zu machte, wollte sich diese erheben, sank aber sofort wieder zu Boden und versuchte nur, mit einer Pranke nach Metellus zu schlagen. Der sah, dass das Tier immer schwächer wurde, wartete eine Weile und schlug dann mit dem Schwert mehrmals in den Nacken der Löwin. Bald bewegte sich diese nicht mehr.

Metellus hörte den Applaus von den Rängen und wusste, er hatte gewonnen, aber noch nicht endgültig.

XLII

Marius war lange Jahre Centurio und Lagerkommandant in Germanien gewesen, aber nun hatte er ein Alter erreicht, wo er sich sagen konnte, dass es jetzt genug sei und er ließ wissen, dass er sich zurückziehe. Offen war aber, wer ihm im Lager als Kommandant folgen sollte und weiters war für die Übergabe des Lagers einiges zu besprechen, sodass man Marius nach Rom beorderte.

Marius stammte nicht aus Rom, sondern aus der Gegend um Lucca. Zwar war er einige Male in Rom gewesen, aber er hatte stets die Stadt so bald wie möglich wieder verlassen, denn das römische Leben voller Pracht, Luxus und Sittenlosigkeit behagte ihm nicht. So war er auch dieses Mal einer Aufforderung nur zögernd nachgekommen, einem Gladiatorenkampf beizuwohnen.

Seine zwei Begleiter und er waren schon lange vor Beginn der Kämpfe in die Arena gekommen, um sich gute Plätze zu sichern. Man sagte ihm, dass es heute ein besonderes Programm geben werde, man würde nämlich nach zwei Gladiatorenkämpfen einen Mann sehen, der es nacheinander mit zwei Großkatzen aufnehmen müsste, um sich und einige Frauen zu befreien. „Was haben Frauen bei solchen Raubtieren in der Arena zu suchen?" wollte Marius wissen. „Das sind Anhänger eines Mannes, der in Jerusalem als Verbrecher am Kreuz gestorben ist und von dem sie glauben, dass er göttlicher Natur sei. Diese Göttlichkeit streiten sie dem Kaiser ab und wenden sich damit gegen ihn. Sie sind daher gefährlich und da muss ein Exempel statuiert werden, um eine abschreckende Wirkung zu erzeugen" sagte man Marius. Der schwieg. Wie sollten Frauen, die an einen Gekreuzigten als Gott glaubten, dem Kaiser gefährlich werden, der über viele Dutzend Legionen gut geschulter Soldaten verfügte?

Ein Fanfarenstoß riss ihn aus diesen Gedanken. Als zwei Gladiatoren gegeneinander kämpften, verfolgte Marius sachkundig ihre Angriffe und Paraden. Sobald der eine kampfunfähig wurde, wollte Marius den Kampf abgebrochen haben, aber seine Begleiter teilten ihm mit, dass der Kampf bis zum Tod eines der Kämpfer weitergehen müsse. Kopfschüttelnd musste Marius mit ansehen, wie kurz darauf der eine der Gladiatoren tot hinausgetragen wurde. „Seid Ihr in Rom denn verrückt geworden?" entfuhr es Marius. „Wir brauchen in Germanien jeden Mann dringend und Ihr stellt so tüchtige Leute in die Arena, damit sie sich gegenseitig töten!" Seine Begleiter meinten aber, es müsse in Rom auch solche Spiele geben, dass Volk verlange das.

Nach einem weiteren Fanfarenstoß begann der zweite Kampf. „Der Rotario muss trachten, sein Netz über den Gegner zu werfen" wurde Marius von seinen Begleitern informiert. „Und was ist dann?" „Dann kann der Rotario ihn leicht mit dem Dreizack erstechen! „Warum lässt man ihn nicht leben und schickt ihn nach Germanien?" wollte Marius wissen. Sein Gesprächspartner zuckte die Achseln. „Das Volk will Blut sehen. Jetzt kommt der besondere Kampf, einer kämpft gegen eine Löwin, das sieht man nicht alle Tage !"

Marius fragte sich, ob er diesem unmenschlichen Schauspiel weiter beiwohnen solle. Nur die Höflichkeit seinen Begleitern gegenüber ließ ihn bleiben.

XLIII

Metellus erhielt eine kleine Pause, denn es war dunkel geworden und man entzündete Fackeln, die man an den Gitterstäben befestigt hatte. Mittlerweile schaffte man den Kadaver der Löwin aus der Arena fort. Kurz darauf kündigte ein neuer Fanfarenstoß die Fortsetzung des Kampfes an. Gleich darauf öffnete sich wieder das Tor und durch den Schlitz des Gitters wurde eine weitere Großkatze in die Arena gelassen. Es war ein völlig schwarzer Panther, er schien Metellus etwas kleiner als die Löwin von vorhin zu sein, aber der Römer erkannte bald die ungeheure Behendigkeit des Tieres, als dieses sich in einigen Sprüngen ihm näherte. Metellus erinnerte sich, dass man ihm gesagt hatte, solche Tiere seien dämmerungs- und nachtaktiv. Der Zeitpunkt war also für die Bestie günstig, wogegen die Sichtverhältnisse für Metellus nicht die Besten waren. Es wiederholte sich dann das, was sich zuvor mit der Löwin ereignet hatte: Der Panther versuchte, Metellus zu umgehen und zu den Frauen als Beute zu gelangen. Plötzlich aber sprang der Panther Metellus an, fast ansatzlos, sodass Metellus sich nicht rechtzeitig zur Seite werfen konnte. Er vermochte den Prankenschlag des schweren Tieres zwar mit dem Schild abzuwehren, aber er kam durch den Anprall ins Taumeln, sodass sein Schwertstich den Panther nur beim Schwanzansatz traf. Kaum vom Sprung gelandet, sprang die Bestie Metellus fauchend erneut an. Metellus hatte nicht genügend Zeit gehabt, sich umzudrehen und zur Seite zu werfen, es reichte für ihn gerade noch, das Schwert gegen das anspringende Tier zu richten. Dieses sprang direkt in die Klinge hinein und erlitt dabei eine tiefe Wunde im Bauchbereich. Aber auch Metellus wurde verwundet: eine Pranke des Panthers glitt vom Rand seines Schildes ab und streifte Metellus' linke Schulter, die Krallen der Tatze zogen dort tiefe Wunden. Die andere Pranke riss Metellus am Oberarm auf. Das Tier hatte im Sprung auch zugebissen, dieser Biss war gegen Metellus' Hals gerichtet gewesen, ging aber ins Leere, sodass die Bestie seitlich an Metellus vorbei glitt. Noch konnte der Römer aber das Schwert führen und als der Panther sich von ihm abwandte, um am Boden kauernd die Wunde am Bauch zu lecken, griff Metellus an und schlug mit dem Schwert gegen den Nacken des Tieres. Aber dieses machte eine blitzschnelle Ausweichbewegung, sodass die Klinge den Körper des Panthers verfehlte und statt dessen einen größeren Stein traf, der zur Fixierung einer der beiden Säulen bereit gestellt worden war und den man wegzuräumen unterlassen hatte. Es gab einen metallischen Klang und Metellus sah mit Entsetzen, dass die Schwertklinge eine Daumenlänge oberhalb des Griffes zerbrochen war. Das abgebrochene Stück war über den Panther geflogen und lag eine Armlänge vom Kopf des Tieres entfernt am Boden. Ein tausendstimmiger Schrei kam von den Rängen, natürlich hatte man dort bemerkt, was passiert war und allen im Publikum war es ebenso wie Metellus klar: Ohne die Schwertklinge war er wehrlos und ohne jede Chance, denn das am Schwertgriff zurückgebliebene Klingenstück war zu kurz, um im Kampf wirksam eingesetzt werden zu können, ein Stich war mit dem Schwertstumpf überhaupt nicht mehr möglich. Aber für eines war der kurze Klingenstumpf doch noch gut genug: Metellus fiel ein, er könne mit ihm einen Streifen von seinem Umhang abschneiden, damit das abgebrochene Klingenstück umwickeln und dann wie einen Dolch führen. Aber noch lag dieses Klingenstück neben dem Tier, gleichsam von diesem bewacht. Metellus musste jedoch irgendwie in den Besitz dieses Waffenteiles kommen. Von den Rängen kamen allerlei Zurufe mit Ratschlägen, aber Metellus konnte sie nicht verstehen, denn das Geschrei von allen Seiten war zu groß. Er schnitt daher den Streifen von seinem Umhang ab, warf dann den Schwertstumpf weg, ergriff einen der Steine der Säulenfixierung und warf ihn gegen die Bestie. Aber die hatte ihn beobachtet, wich aus und legte sich in Manneslänge entfernt wieder nieder, um erneut ihre Wunde zu lecken. Der Weg zur Klinge war aber jetzt frei, Metellus machte rasch die paar Schritte, hob die Klinge auf und umwickelte ihr unteres Ende mit dem abgeschnittenen Stoffstreifen. Ein paar Augenblicke lang musste er dabei die Raubkatze aus den Augen lassen. Darauf hatte diese aber offenbar nur gewartet und sprang Metellus an. Der hörte die Geräusche des Absprunges und instinktiv stieß er mit der Klinge in diese Richtung. Er traf das Tier im Sprung, knapp unter der linken Schulter, tief drang die Klinge dort ein. Aber der Panther verbiss sich in Metellus' linkem Brustbereich nahe dem Hals. Metellus stürzte, das Tier mit ihm, er schlug mit dem Schildrand gegen dessen Kopf, so stark er noch konnte und wühlte zugleich mit der Klinge im Leib der Bestie. Aber die biss noch fester zu, Metellus fühlte rasenden Schmerz, er sah sein Blut über seinen Körper rinnen und spürte, wie er schwächer wurde. Mit letzter Kraft zog er die Klinge aus dem Leib des Tieres und stach eine Handbreit weiter unten nochmals zu, so tief er konnte. Das war die Entscheidung, er spürte, wie der Biss des Panthers nachließ, gleich darauf sank dessen Körper zu Boden und rührte sich nicht mehr. Metellus erkannte, dass er gesiegt hatte, er erhob sich wankend, taumelte gegen den Bereich zwischen den Säulen, ließ dort seinen Schild fallen und riss die Plane, mit der die Frauen bedeckt waren, mit der Schildhand zurück. „Ihr seid frei !" rief er den Frauen zu und merkte dabei, wie seine Stimme verzerrt klang. Noch konnte er die rechte Hand mit der Schwertklinge in triumphierender Siegerpose gegen den Himmel strecken, noch hörte er das Beifallsgeschrei der Zuschauer und sah, wie sie von ihren Sitzen aufsprangen und ihm zujubelten. Aber dann fiel sein Blick auf den Schwertteil, den er vorher weggeworfen hatte. Er hatte die Gestalt eines Kreuzes und glänzte hell im Licht der Fackeln. Metellus fühlte plötzlich keine Schmerzen mehr, er sah auf einmal in rasender Eile sein ganzes Leben an sich vorbeiziehen, die Kindheit, die Eltern, die ersten Versuche mit Waffen, die militärische Ausbildung, die Erlebnisse in Germanien und mit Robustus und Celerus in Kapharnaum, die erste Begegnung mit Jesus, die Gespräche mit Pilatus und Claudia, den gescheiterten Befreiungsversuch, die Zeugenaussage für Pilatus, und schließlich noch Antonias glücklich lächelndes Gesicht, als er um ihre Hand anhielt. Schließlich durchströmte ihn ein unglaubliches Glücksgefühl, er fühlte sich immer leichter und leichter und dann emporgehoben, bis es um ihn nur mehr die Helligkeit unendlichen Lichtes gab.

XLIV

Es hatte ihn nicht auf seinem Platz gehalten. Schon beim Kampf mit der Löwin war Marius mehrmals vor Begeisterung über die Kampftüchtigkeit von Metellus aufgesprungen und hatte sich erst auf wiederholte Bitten der hinter ihm Sitzenden, sie wollten auch etwas sehen, wieder niedergesetzt. Jetzt aber verfolgte er voller Bewunderung den Kampf zwischen Metellus und dem Panther. Bei jeder Parade des Römers schrie er sich die Kehle heiser, schlug die Hände vor das Gesicht, als Metellus' Schwertklinge abbrach und war voll atemloser Spannung, als er sah, wie die letzten Sekunden des Kampfes verliefen. Längst war er wieder aufgesprungen, und als Metellus seinen

Arm mit der Schwertklinge zum Zeichen seines Sieges hob, da stürmte Marius bereits schreiend die Stufen der Arena hinab: „Den Mann darf man doch nicht gegen die Bestien stellen, den brauche ich dringend in Germanien, dort haben wir alle Hände voll zu tun, um uns der Angriffe zu erwehren. Ich will ihn zu uns holen, das wäre ein geeigneter Nachfolger für mich!" Unten angelangt, dauerte es einige Zeit, bis er zur Pforte kam, durch die man Metellus auf einer Bahre aus der Arena hinausgetragen hatte, denn er, Marius, war auf der gegenüberliegenden Seite der Arena gesessen und musste sich daher zuerst durch die entlang des Gitters zu den Ausgängen strömenden Massen hindurch drängen. Bei der Pforte wollte ihm ein Wachposten den Eintritt verwehren, den brüllte er an: „Centurio im Dienst!" und als der Mann nicht gleich den Weg freigab, stieß er ihn einfach zur Seite. Innen, in den Bauten der Arena wählte er aber zunächst einen falschen Gang, rüttelte an einigen verschlossenen Türen, sah in leere Gemächer und so dauerte es einige Zeit, bis er endlich eine Türe fand, nach deren Öffnung er in einen großen Raum blickte, in dessen Mitte ein Tisch stand, auf den man Metellus gelegt hatte. Über ihn beugte sich ein Mann, richtete sich wieder auf und schüttelte wortlos den Kopf, wobei er eine Frau anblickte, die ihm auf der anderen Tischseite gegenüber stand und daher Marius den Rücken zukehrte. Ihr Gesicht konnte Marius nicht sehen, aber wohl, dass sich die Frau über den am Tisch Liegenden beugte, dessen Lippen küsste und ihm die Augen zudrückte. Marius begriff augenblicklich die Situation und blieb regungslos in der Türe stehen. Erst als die Frau ihr Gesicht mit einem Tuch verhüllt und langsam den Raum durch eine andere Türe verlassen hatte, winkte der Mann Marius heran und sagte leise zu ihm: „Du kommst zu spät." „Ist er tot?" „Ja, verblutet. Er ist ihm gefolgt." „Ihm? Gefolgt? Von wem sprichst Du?" „Von jenem, an den die Frauen glauben, die er draußen" und der Mann deutete in Richtung zur Arena, „gerettet hat, so wie uns sein Vorbild." „Wer ist das?" fragte Marius schnell. Eine kleine Pause lang blickte der Mann Marius ruhig an und sagte dann: „Hier ist nicht der Ort, Dir darüber zu erzählen. Besuche mich in Trastevere. Wenn Du über die Brücke gehst, frage nach Podalirios, dem Arzt. Dort kennt mich jeder, man wird Dich zu mir führen, so wie man sie" und er deutete auf die Türe, durch die die Frau hinausgegangen war, „zu mir geführt hat und wieder führen wird, denn sie wird es in der nächsten Zeit sehr schwer haben. Wenn es Dich also interessiert, so komm." „Ich werde kommen!" „Vergiss es nicht: Podalirios, der Arzt in Trastevere." „Sei ohne Sorge, ich werde kommen, morgen schon!"

Marius ließ sich viel Zeit, die Arena zu verlassen. Als er sich endlich zu einem Ausgang begeben hatte, waren bereits fast alle Besucher aus der Arena hinausgeströmt. Draußen wollte er allein sein, mit sich und dem, was er gerade erlebt hatte. Allmählich fand er eine ruhige Gasse und konnte seine Gedanken ordnen. Ja, er würde morgen zu Podalirios gehen, ganz sicher. Er blickte auf und sah am Himmel einen leuchtenden Stern. Als Kind hatte er oft die Sterne betrachtet, aber dieses Mal schien ihm der Stern ganz nahe, so nahe, wie er noch nie einen Stern gesehen hatte......